メニュー開発論

小倉朋子 [著]

創 成 社

はじめに

・・・・・・・・・・・・・・・・・・・・・・・・・・・・・・・・・・・・・

　現代でいうところの外食産業は，江戸時代に確立されました。料理茶屋では団子や酒が売られ，立ち食いソバといった現代のファストフードともいえる業態が大衆に人気だったといいます。家庭内の手作りによってのみ食べ物を得ていた生活から，外で料理を買って食べる習慣が生まれていきます。その後，高度経済成長を経て，海外の料理を自分流に取り入れて文化に合うよう改良し，日本の外食は進化し続けています。

　70年代後半〜90年代前半は，フードサービスが多様化，多業態化した時代といえます。消費者の生活スタイルの変化やモノの価値に対する変化に伴って食生活の多様化が進み，それらのニーズに対応するべく外食の業種・業態もさまざまに広がっていきました。消費者の外食率も上がり，1回の食事に費やす客単価も高まりを見せていきます。ある意味では，飲食店側にとっても，原価を今ほど気にせずに自由な発想でメニューを開発しやすかったともいえるのです。

　やがてバブルが崩壊し，崩壊後は，持ち帰り惣菜の中食が台頭します。2017年に市場規模が10兆円へ到達し，現代も中食市場は拡大しています。外食にとって中食，そして家庭の内食も競合となり得る時代となりました。

　日本の外食産業の市場規模は，1997年の約29兆702億円をピークに減少しましたが，2018年の外食産業の市場規模は，訪日外国

人の増加などにより，25兆7,692億円と，現在も約26兆円弱規模の市場です。中食も入れると30兆円超の市場となります。

どのような時代にあっても，その時代に合わせて「おいしいもの」があふれるようになっています。そして，2020年には，巣ごもり消費の増加によって，デリバリー産業や通販による食品の売上が伸び，生活により密着した商品の市場が拡大しました。

売り手市場から買い手市場と言われるようになって久しく，メニューの作り手は，時代をとらえ，消費者のニーズ，そして隠れたウォンツを引き出し，評価を得られるメニューを常に模索しています。メニューは，おいしさの追求だけでなく，環境保全，安心・安全，経済，宗教，心理学，アート，文化，歴史，エンターテインメントなどが関わり，時には利便性が求められ，時には丁寧であることが必要になるなど多角的視野が必要とされます。また，消費者の健康面にも配慮したメニューは普遍的なニーズとして価値をもっています。さらに，現代では，おいしいものを作るだけではなく，そのおいしさを消費者に認知，理解してもらう戦略が必要になることも多くあります。

地域性が個性となっていくいっぽう，地域の壁を取り払ったメニューが評判になることもあり，時には新しいメニューが常に生み出され，いっぽうで古くから変わらぬ味が価値をもつこともある。そういった一見相反したように思える両者が絡み合うのが，現代のメニューであり，さまざまな見極めも必要とされます。

しかし，私達がおいしいものを食べたいと思い，素晴らしい一品に感動したときの光景は，その時のメニューとともに忘れられない思い出となってよみがえることも事実です。

　どんな人が，どこで，いつ，どう食べるのかによって，メニューは変化します。また，1人の人であっても，その時の気持ちや環境によっても「食べたいメニュー」は変わります。

　人間は，生まれてからその人生を終えるまで，生涯を通じて食べ続けていきます。食べる行為は生命を維持するための本能ですから，世界の誰一人関わらない人はいません。それだけに幅広く奥深いものです。また，「食」は，ある時には戦略やPRが伴い，ある時にはアートになり，ある時にはコミュニケーションの一環として役立つこともあり，このように要素が複雑に絡み合う本能は，「食」だけだといえるでしょう。飽和状態ともいわれた日本の「メニュー」ですが，私たちが食を愛する限り，メニューは作り続けられ，無限に広がっていくことでしょう。

　本書は，メニュープランニングの基本と一連の流れをまとめたものです。フードサービスに不可欠な要素であるメニュープランニングに関して理解を深めるうえで，本書が皆様のお役に立てましたら幸いです。最後に，刊行にあたり創成社の編集の西田様に感謝いたします。

　2021年4月

　　　　　　　　　　　　　　　　　　　　　　　　小倉朋子

目　次

Chapter 1　メニュー開発の基本理念

1　メニューの概念

　メニューとは，元来は料理の品目を示した表であり，献立表とも呼ばれる。

　しかし，食材や食品といった「食べるモノ」としての一般的な概念とは異なり，メニューには，人の手を借りて作られた料理といったイメージが強く存在するといえる。

　人類は，旧石器時代にはすでに火を使って調理することを始め，食材を直接焼いたり，熱した石で焼いたりしていたとされている。食材を生のままではなく，加熱調理することによって，人類の食は，急速に発達したと言われている。まさしくメニュー開発の始まりと言って良いだろう。

　さらに新石器時代には農耕や牧畜が始まり，火力調節に優れた炭火の利用や土器を使った保存，調理に用いる石器類などのさまざまな道具が考案されたと言われており，火や道具を用いて工夫することによって，食感や温度，刺激などの味わいの幅が広がり，保存性が高まり，衛生面が充実するなど多くの発展につながってきた。加熱調理を覚えてから今日まで，人類のメニュー開発の歴史は長く続いてきたのである。

　メニューと料理の違いは，明確ではない。料理とは一般的に，食

材に手を加えて食べ物をこしらえること，その方法，または食材に手を加えて処理したものを表す。調理，割烹，炊事とも称される。しかし，「おいしそうな料理」とは表現するが，「おいしそうな調理」とはいわない。それゆえ，作り終えた食べものについては，料理とは言うが，調理とは言わないことがわかる。また，戦後，大学の教科で「調理学」ということばが採用され，専門の料理人を公的には「調理師」と呼ぶようになったことなどから，学術では調理という言葉を用いることが多いといえる。

　いっぽう，「おいしそうな料理」同様に「おいしそうなメニュー」と表現することはある。さらに「本日の料理は〜」と同様に「本日のメニューは〜」とも表現する。しかし，「料理人」とは言うが，「メニュー人」とは言わない。こうしたことから，作る工程に関してはメニューとは表現せず，作り終えた食べものに関して，メニューは表現されるものだといえる。

　また，メニューという概念には，ある目的をもって作り手によって作られるものである。そのため，主に飲食店などの提供側と食べる側の関係性が明確である場において，メニューという言葉は用いられるといえる。

　メニューを作り込む目的には，食べ手に対して「おいしさを届ける」という基本理念のほかに，食べ手側からの高評価を受ける，リピーターを作る，食べる側を健康に導く，安全・安心の実現をする，美しい構成にするなど，多くの目的が存在する。その目的に対してメニューは作られ，人が作り，人が食べるという作り手と食べ手のコミュニケーションのツールとしての役割をメニューは担っていると言って良いだろう。

2　メニュー開発の意義と役割

　メニューはさまざまな目的に応じて構成されており，作り手側の想いやコンセプトなどが盛り込まれているメニューには下記のような3つの役割が考えられる。

（1）精神的役割

　食べる行為は，生命をつなぐため，また，健康を保持するための生理的役割を担っている。それに対してメニューは，その役割の枠を超えて，価値を見出すためのものである。例えば調理法は，生，焼く，煮る，蒸す，炒める，揚げるなど様々あり，辛いものが食べたい，冷たいものが食べたいなどといった刺激に対する欲求を満たすべく存在している。「健康になる料理が食べたい」といった希望に沿うよう工夫されることもあり，「見た目が美しい食べものに感動したい」といった心理的な欲求に応じるメニューも存在する。近年では，流行りのメニューがあり，そのメニューを食べたいがために飲食店に行列ができることも珍しくない。メディアで頻繁に流れるそのメニューを求める人によって完売することもある。食べ手側にとっての「流行りのものを食べた」という満足は，食べた自分に対する満足につながっていると考えられる。お腹の満腹だけでなく，精神的な満足につながっていくのである。

　メニューとは，そういったさまざまな理由による「こんなものが食べたい」という気持ちに答えてくれるものでもある。食べることによって気持ちが落ち着いたり，楽しい気持ちになるといった私た

ちの精神をゆるやかに安定させる役割をもっている。

（2）社会的役割

　メニューには，人と人との会話が始まるきっかけになり，交流が広がるといったコミュニケーションを円滑にさせる役割もある。

　また，国と国との外交における会食や晩餐会といった宴席において，どんなメニューを用意するのかはよく吟味されるところであり，メニュー構成は重要な要素と考えられている。例えば，大食漢で有名な国賓を招く会食の場合は，通例の公式メニューの品数を特別に一品増やした，というエピソードもある。また，日本に招く際には，日本らしい料理だけでなく，相手国に合うメニューを選ぶこともある。いずれにしても，相手が喜ぶことを想定してメニューは開発されていく。

　地方の店やホテルなどのメニューを開発する際には，その土地ならではの伝統的な食材を用いたメニューを開発して，広くその食材の存在を知ってもらうこともある。また，そういった試みによってその地域の農業従事者や漁業関係者の仕事に貢献する目的をもっている場合も少なくない。

　宗教によっては，牛肉は食べない，アルコールは飲まないなど食べることをタブーとする食材があり，それらを排除したメニューの開発が，グローバル社会においては必要とされている。

　また，近年，増加傾向にあるアレルギーを持つ人へのアレルギー対応をしたメニューが必要な場合も多く見受けられる。特に子供が気兼ねなく他の子と同じ食べ物を食べられるように工夫することは，アレルギーをもつ本人だけでなく，家族や周囲の人間にも笑顔

をもたらすことにもなる。

　飲食店のメニューには，店側の意向や想いをお客様に伝えるコミュニケーションツールの役割もあるといえるだろう。

　このように，メニューとは，人間同士の交流を深める役割をもっており，それらを目的として開発されるメニューには，社会的な役割があるといえるだろう。

　さらには，食べずに廃棄される「食品ロス」の量を削減する目的など，環境に配慮したメニューにすることも求められている。

（3）文化的役割

　より一層おいしく，より見栄え良く，よりリピーターを増やすために，より楽しい食事になるように，より健康的な食事に，などといった想いを抱いてメニューを開発した場合，そのメニューは文化そのものとなる。企業による対価が伴う場合と，家庭内における直接的な対価が伴わない場合の双方において，メニューは文化となっている。

　料理を作るという長い歴史のある行為の中で，その地域特有の郷土食ができあがり，季節ごとに料理があり，行事に伴う行事食ができあがっていった。そのような特定の形を受け継いでいくことは文化であるが，こうした伝統的な料理はさらに，人びとの想いや環境，時間を経て今日に至っている。その変遷も文化といえるだろう。

　例えば正月に食べるお雑煮は，各都道府県で特徴がある。関東，東北では角餅を用いるが，関西では丸餅を入れる。出汁になるベースも，魚介類，かつお節，鶏だしなど地域によって異なり，醤油

ベースの地域や味噌味の地域など味付けも異なる。さらに入れる具材もさまざまである。その地域で収穫できる作物を基本とし、海に近い地域なのか、山間の地域なのかなど土地の個性によって入れる具材や出汁は異なっている。また、都市に近い地域かそうではないか、食材の流通の利便性や慣習などに応じて変化していった経緯がある。さらに、各家庭によっても味に違いが出る。夫婦の育った地域が異なる場合、どちらのお雑煮に近づけるのか、それとも融合した形にするのか、またはより簡便化したその家庭独自のオリジナル雑煮になっていくのか。作り手側が意識をしないとしても、無意識のうちにメニュー開発は進められているといえるのである。

事例　地域料理を守るメニュー開発

　ホテルのブッフェメニューの開発を依頼される。地域の名物の漬物は、そのままお客様に提供しても若い世代は食べてくれない。漬物は各地域の文化であるいっぽう、家庭内で手作りすることは減少し、飲食店などでも食べずに廃棄することが少なくない。ご飯に合わせる、御茶請けに食べるといった漬物の定番の食べ方自体もしなくなりつつある。

　そこで、若い世代に手に取ってもらえるようポテトサラダに混ぜて、サラダコーナーで提供することにした。さらにキャッチコピーを大書して目立たせた。

　その結果、若い世代を中心に主婦層にも評判になり、人気メニューとなった。メディアからも多くの取材を受けるまでになり、ホテル内の売店のお土産にも影響があり、売上が倍増した。

　この事例におけるメニュー開発の狙いは，単にブッフェで食べてもらうことではなく，ポテトサラダというどの世代にも馴染みのあるメニューに取り入れることによる新しい驚きや感動を起こさせること，そして，ポテトサラダをクッションとして，最終的には漬物そのものの味に親しみを覚えて，次世代に興味をもってもらうことにあった。その地域でも，かつては手作りする家庭が多かった文化的な漬物であったが，手作り率は減少し，小売店での消費も減少している現実があった。

　郷土の食べ物はその調理技術を受け継ぐだけではなく，文化と精神の伝承をしていかなくてはならないものである。郷土の食べ物を愛することによって，郷土愛が生まれてくることもある。時代とともに変化するメニューがあると同時に，「メニューを守るためのメニュー開発」も存在するのである。

Chapter 2　メニュー開発の基本戦略

・・・・・・・・・・・・・・・・・・・・・・・・・・・・・・

　食事の形態は，大別して３つに分類される。そのすべてにおいて，メニュー開発をするためには戦略が必要となってくる。

① 外　食

　外食とは，飲食店など家庭の外で調理された食品を，家庭の外で食べる食事の形態のことをいう。

② 中　食

　中食（なかしょく，ちゅうしょく）とは，本来は中食（なかじき）という昼食を示す言葉だが，現代では家庭の外で調理された食品，料理を購入して持ち帰る，あるいは配達等によって，家庭内で食べる食事の形態のことをいう。

③ 内　食

　内食（うちしょく，ないしょく）とは，家庭内で調理を行って，家庭の中で食事を行う形態をいう。家庭で作ったものを，屋外へ持ち出し食事をする場合も含まれる。

1 メニュー開発のカテゴリー

(1) メニュー開発

　メニュー開発と聞いて，どんな場所で使われるメニューが思い浮かぶだろうか。メニュー開発は，開発を依頼するクライアントによって，開発手法や出来上がったメニューの使い方が変わってくる。メニューをつくるにあたり，誰がどんな場所でどのように食べるのかによって，食べたいものや食べやすいものが変わってくる。また，オリジナリティが求められる場合もあれば，誰でも作れるよう調理工程が簡単であることが求められる場合もある。そういったシチュエーションを見極めて，メニューは開発されなくてはならない。また，より専門的な知識や技術や経験が必要な場合もあるため，1つのカテゴリーだけを専門にするスペシャリストも少なくない。以下のような使用場所が代表的である。

① 家庭料理のメニュー開発

　料理研究家と呼ばれる人によって生み出される料理は，一般的には家庭料理となっている。一般の家庭内で作れる食材や調味料，キッチンを使用して再現できる料理であることが基本となる。そのため，遠方へ出向かないと買えない食材などは使わないことが多いといえる。原材料の分量や調理手順を決めることが求められるが，定価や売価は考えなくてよいため，原価率は問われないことが多い。

　なによりも，見た目においしそうで「作ってみたい」と思わせるメニューにしなくてはいけない。近年では，生活様式の変化や簡便

志向などから，調理工程が簡単であることが求められている。

② 飲食店のメニュー開発

　飲食店のメニューは飲食店の顔であり，看板商品である。その店のコンセプトや客層などを理解して，クライアントのニーズを踏まえたメニュー開発をしていく。また，客が数品食べることも想定して，食べ合わせや食べる順番なども考慮することが肝心だといえるだろう。

③ 惣菜店のメニュー開発

　持ち帰り惣菜は，専門店のほか，百貨店の通常「デパ地下」と呼ばれる場所で販売されている料理やファストフード店，コンビニエンスストアなど，テイクアウトを扱う店全体を「中食」と称している。基本的に中食の料理は，匂いが出ないように工夫した環境で売られているので，消費者は視覚的要素から買うか買わないかを判断している。そのため冷めてもおいしいことはもちろんだが，料理の見た目も重要である。パッケージに入って売られている場合もある。

④ 宅配店のメニュー開発

　家やオフィスにいながらにして専門店の味が楽しめる宅配専門の飲食店も増加傾向にある。作ってすぐに食べるものではないが，近年は保温性を高め，安全な料理を作りたての味を保ちながら運ぶことが可能になっている。

⑤　宿泊施設のメニュー開発

　宿泊施設のメニュー開発では，1泊2日の滞在に対して夕食と朝食を提供する場合がある。その土地の食材を用いたり，周囲の店との違いを打ち出すことも必要となる。また，滞在日数が多い客に対して，料理が重ならないようにバリエーションをもった料理の構成など，外食というカテゴリーとしては飲食店と同様であるが，飲食店のメニューとは異なる点も多くある。

⑥　その他

　ほかにも多くの開発需要がある。例えば，飲食店で食品メーカーの商品を用いたメニューを開発する場合は，まずはその商品の特性を熟知しなくてはならない。一般消費者用のメニューと業務用メニューがある。いずれにしてもそのメーカーの商品の特性を活かし，商品のブランド力を高めるようなメニューであることが望まれる。そして，再現したいと思わせるメニューである必要がある。

　スーパーマーケットのチラシ広告に載せるメニューは，そのスーパーマーケットで売られている商品を用いて作るメニューである。今晩の夕食のおかずに悩む家庭には役立つメニュー提案でもある。そのため，スーパーマーケットを利用する幅広い客層に合うように，あまり奇をてらった料理ではなく，オーソドックスな料理が基本となる。

　そのほか，農業の活性化のための農作物を使ったレシピ開発や，地域の名物料理を作る，国や自治体，各種企業，団体からの依頼など，メニュー開発の依頼は，異業種からの依頼も含めて多角的に存在する。

いずれの場合も，その時代のトレンドや，消費者の食の嗜好や世の中の傾向を見極めて，オリジナリティのある開発をしていくことが必要である。環境問題や経済など常日頃から広くアンテナを広げていくことが良いだろう。

（2）今後への展望

フードビジネスの世界は動きが速く，時代とともに変化も著しい。例えば，今後はテイクアウトやデリバリー需要の高まりにより，店舗で飲食を行う外食と，持ち帰り惣菜の総称とされる中食，家庭の手作り料理を称する内食の垣根がなくなってくると予測される。将来的には，スーパーの中で売られている食材を用いてその場でイートインしたり，半調理品を購入して仕上げだけ家庭内で行ったりといったことも増えてくると考えられる。もしくは本書が出版された時にはすでにそうであるかもしれない。

さまざまな環境や条件によってメニュー開発のカテゴリーも変化することが想定できる。

2 メニュー開発におけるマーケティング

（1）メニューコンセプト

メニューをつくる上では，おいしそうと思えるメニューや，食べたくなるメニュー構成が必要で，特徴のないメニューやアピールできるポイントのないメニューでは，印象に残りにくく食べる側にすぐに忘れられてしまう可能性がある。そのため，メニュー開発をする前に，メニューのコンセプト，セールスポイントを決めておこう。

（2）コンセプトの必要性

　メニューは，メニューを提供する企業や店，メーカーなどといった開発を依頼するクライアントの考えるコンセプトに沿ったものであることが望まれる。または，コンセプトを決めてそのコンセプトに合うメニューを開発することもある。

　例えば，新鮮な野菜をウリにした店に向けて，アイディア溢れる野菜を使ったスイーツを開発する，仕事帰りに一杯飲んでもらうことを想定した立ち飲み店では，すばやく提供できて食べやすいメニューを開発する，など，主たる客層がどう食べるのかを想定してコンセプトに見合ったメニューに仕立てていくことが基本である。

（3）コンセプトを見極める

　飲食店や食品関連企業，雑誌社，広告会社など，メニュー開発を依頼してくる企業であるクライアントのコンセプトをよく理解し，そのコンセプトに合ったメニューを決めていくことが基本となる。そのためには，メニューに適した5W1Hを中心に考えておくと良いだろう。

①　どんな客層が食べるのか

　学生をターゲットにしたメニューなのか，ビジネスパーソンなのか，女性なのか男性なのか，誰と食べるのか，などによって，メニューのコンセプトは変わる。

②　いつ食べるメニューを作るのか

　朝食べたいおかずと，夜食べたいおかずは違うだろう。また，朝

14

ごはんだとしても,「忙しい朝に素早く作れる簡単メニュー」にするのか,「休日をイメージした優雅な時の流れる朝食をイメージしたメニュー」にするのか。時間帯やそのシチュエーションによっても変わる。

③　ターゲットや立地など,さまざまな要因によって,価格帯は変わる

④　どんな提供方法なのか,もしくは,どういった見せ方になるメニューなのか

　このような要素を確認しながら,メニューのコンセプトを考案していく。
　そして,どうしたら,お客様に満足してもらえるメニューになるのか,という視点にたち,具体的なメニューをイメージしていく。

図表1　メニューのコンセプト考案

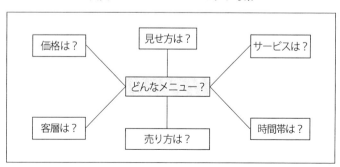

図表2　メニューイメージの考案

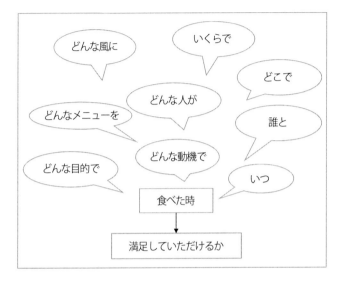

（4）立　地

　メニュー開発の業務においては，立地調査が必要とされる場合がある。飲食店や惣菜店，いわば外食や店舗を伴う中食のメニュー開発にとっては，立地条件は，店の売上を左右する重要な要素となっている。

　そのため，その機能によって分類される立地について把握しておこう。良い立地は，業種，業態によっても異なってくる。

【立地の種分け】

　駅前，ビジネス街，住宅街，学生街，繁華街（昼型，夜型，終日型），観光地，商店街，工場地帯，倉庫街，ロードサイド，ショッピングモール，過疎地など。

　さらに，立地内の条件，環境によっても分類は細分化できる。例えば繁華街においても，商業施設の中に入った店なのか，それとも路面店なのかなどによって立地条件は異なる。

（5）主たる客層

　「世の中の皆さんに食べてほしいメニュー」「老若男女すべての人に向けたメニュー」が理想と考えがちだが，生活や価値観が多様化している現代では，難しいともいえる。そのため，メニューは提供する店舗，媒体に興味をもつターゲットとなる主たる客層に向けて考案することが基本となる。

①　店舗の場合

　飲食店のメニュー開発の場合は，店の立地条件を調査して，どんなタイプの人が多く来店するかを予測しなくてはならない。その店の商圏内（見込み客が望める範囲）の人口や男女比率，年齢比率，家族構成分布，所得分析，人の動線や人や車の交通量，交通機関の時間枠，周辺の商業施設や商店街の有無，公共施設の有無，競合店の出店状況などさまざまな要素を確認，把握して，主たる客層を分析していく。また，その客層がどんな料理を求めており，いつどのような動機でメニューを求めているのかを，客観性をもって効果的にメニューに組み入れていかなくてはならない。

　また，新メニューを導入することによって，新たなお客様を入店させることにつながる場合もある。例えば，主に男性客が中心の店舗において，女性客が喜ぶようなメニューを導入したり，ファミリー層に多く受け入れられるメニューを作る場合もある。

② 持ち帰りの場合

　外食同様に，売り場の商圏，立地条件を考えるとともに，その周辺の自宅ないし企業へ持ち帰ることを考慮して，ふさわしいメニューを考えていく。ビジネス街のランチタイムであれば，主たる客層は近隣に勤務するビジネスパーソンの場合が想定される。

　また，住宅街で売る場合には，ファミリー層が主たるターゲットになるのか，中高年以上の年齢層が主たる客層になるのか，などの周辺の人口密度や交通機関など，外食同様に細かく確認しなくてはならない。

　また，時間帯によっても主たる客層が変わる可能性はある。

③ 家庭料理，内食，通信販売などの場合

　家庭料理，いわゆる内食のメニューを作る場合や，宅配によるメニューを作る場合においても，主たる客層を視野に入れてメニューを作っていくことが求められる。

　近年は，食材から購入して料理をする場合に，簡単な調理手順で出来上がるメニューを好む客層が増えているとされる。また，健康的なメニューのニーズは普遍的に高いと考えられる。こういった消費者の求めているものは時代とともに変化するため，主たる客層を考えるにあたっても，

　「若い女性」

　というひとくくりではなく，

　・現在，将来の食の志向や傾向

　・世の中の流れ

　・手作りへの価値観

　など，広い視野で考え，さらに，若い女性が主たる客層であった場合，具体的に「どんな若い女性なのか」といった，女性のライフスタイルや価値観，好みなどを細かく吟味して，客層を想定する必要がある。

（6）価格帯

　立地条件や主たる客層を分析することによって，メニューの価格帯も決まる。また，内食の場合は，どこで食材を購入するのかによって価格帯が変わるため，食材や調味料を購入する場所が外食や中食における「立地」の代わりになりえる。

　どこでどんな客層が何を購入するのか，という基本に沿ってその関係性から価格帯を検討する考え方は，外食，中食，内食すべてにおいて変わりはない。

3　メニューの種類

（1）飲食店におけるメニューのカテゴリー分類

　「あの店に行ったら，いつも注文するメニューがある」「このメニューはこの店の看板商品だ」とお客様から支持されているメニューがある。そういうメニューは，年間を通していつ行ってもその店にあり，安定した売上を上げていることが多い。お客様にとっては常にそのメニューが店にあることで，「この店のメニューはこんな特徴がある」と感じ取ることができるのだ。例えばトンカツ店では，ヒレカツ，ロースカツ，メンチカツ，などが定番メニューかもしれない。

　しかしいっぽうで，いつ来訪しても常に同じメニューしかない店だと，お客様に新鮮な印象はもたれにくい。何度か来訪してしまうと，目新しい味に出会えないため飽きられてしまう可能性もある。店は安定したメニューとともに，目新しいメニューやその時にしか食べられないメニューを盛り込むことによって，お客様にまた来訪してもらいたいと期待する。例えば前述のトンカツ店の場合，季節限定メニューのカキフライがあったり，テイクアウト限定メニューのコロッケバーガーがあったりなど，定番にプラスしたメニューを提供するようにするのである。

① 　グランドメニュー

　年間を通して常に存在しているメニューをグランドメニューという。グランドメニューには，メインとなる主力メニュー，補佐するサブメニュー，おすすめメニュー，ドリンクメニュー，デザートメニューなどがある。サブメニューの中には，サラダやおひたしなどの副菜，メインの前に食べる前菜，アルコールのおつまみ，最後のシメとして食べるご飯類などがある。

② 　時間帯メニュー

　グランドメニューのほか，1日のサイクルの中において一定時間帯にのみ提供されるメニューである。時間帯メニューには，朝食メニュー，ブランチメニュー，ランチメニュー，アイドルタイムメニュー，ディナーメニュー，深夜メニューなどがある。また，週単位で一定時間帯にのみ提供されるメニューとして土日限定メニュー，平日限定メニューなどがある。

　ブランチメニューは，朝食とランチの間の時間帯のメニューであり，遅い朝食や早いランチへの需要や，休日などの朝食とランチを1つにしたメニューなどを称する。休日を優雅に時間をたっぷりとかけて食べたいお客様のニーズに応えたり，ブランチを店内で楽しく過ごしてもらうことで，ランチタイムへの新規顧客の誘導につなげることもできる。

　アイドルタイムメニューとは，飲食店にとって客足が比較的すいている時間帯をさす。店はその間に調理の下準備をしたり，休憩をとるなどにあてる。新メニューを考案することで，アイドルタイムに新たなお客様の掘り起こしや，客のニーズを見極めることがある。ただし，店の経営方針やメニュー構成によっては，アイドルタイムの活かし方により店全体の収益につながらないこともある。各店舗のコンセプトや環境を見極めてアイドルタイムメニューは対応していく必要がある。

③　その他の機能別メニュー

　目的や機能によってメニューのカテゴリーはいくつかに分けられる。下記はその一例である。

【機能別メニュー例】

　催事（イベント，フェア）メニュー，シーズンメニュー，客層別メニュー，利用動機別メニュー，テイクアウトメニュー，デリバリーメニューなど。

考えて
みよう！

季節限定メニュー，時間限定メニュー，年齢限定メニューなど，多くの限定メニューが考えられる。どんな限定メニューがほかにはあるのだろうか。また，そのメニューの目的は何なのだろうか。

（2）惣菜店（中食）におけるメニューのカテゴリー分類

　基本的には，惣菜店のメニューの種類に準じる。テイクアウト中心の店において，アラカルトの単品メニューだけでなく，メイン料理，ドリンク，サラダのセットで販売する，といったセットメニュー，組み合わせメニューによって提供する場合もある。

（3）家庭料理におけるメニューのカテゴリー分類

　家庭料理のメニューは，メインディッシュにあたる主菜，サブメニューとなる副菜と副々菜，主食，汁物で基本的に構成される。そのほか，アルコールのつまみ類，デザート，飲料などに分類されるだろう。また，各機能別メニューは多いが，飲食店にあるような限定メニューや，メニューの種類を明確に意識して開発することは少ない。

　しかし近年では，店内飲食がメインの飲食店でありながら，テイクアウトをしたり，デリバリーをする店も少なくない。また，ほとんど調理した状態の料理を専門店から注文し，家庭内で加熱をする，盛りつけるなどの最終仕上げだけを行うといった食べ方もある。さらに，飲食店のメニューの作り方をシェフから教わり，作る材料やキットを持ち帰って，家庭の中で再現する，というようなア

プローチもあるだろう。飲食店と同じ味が家庭内で個人で作れるのである。

　外食，中食，内食（家庭内食）の明確な違いがなくなり，双方に関わり合いながらメニュー開発は進められていく可能性も，今後は考えられる。

（4）メニューの組み合わせ

　単品メニューをアラカルトメニューという。しかし，メニューはその一品を食べることを想定したメニューだけではない。それぞれを組み合わせることによって，1つの「メニュー」として価値をもったり，メニュー構成が出来上がることもある。組み合わせには以下のようなものがある。

　単品メニューのことをアラカルトメニューという。そのほか，コースメニュー，セットメニュー，コンビネーションメニューなどがある。

①　コースメニュー

　前菜，スープ，魚料理，肉料理，チーズ，アントルメ，コーヒーで基本的には構成される。メインディッシュは魚料理か肉料理か選択したり，もしくは肉料理がプラスされたり，チーズが入らないなど，健康志向や食事時間ほか多くの要因があり，現在はコース料理もさまざまなアレンジで提供されている。フルコースになっていなくても，コースメニューとして称されることが多い。

② セットメニュー

　ランチセット，女性限定セットなど飲食店オリジナルのセットメニューが存在する。

③ コンビネーションメニュー

　コンビネーションの方法にはさまざまある。選択肢の中から2品を選択するコンビネーションメニューや，1つの店舗内で和食，洋食，中国料理の中から1品ずつ選択して組み合わせて提供をする，2つの味を楽しめる一品料理など，どういったコンビネーションメニューを作るのかは，各店舗の開発者の裁量となる。

図表3　外食・中食・内食の関係

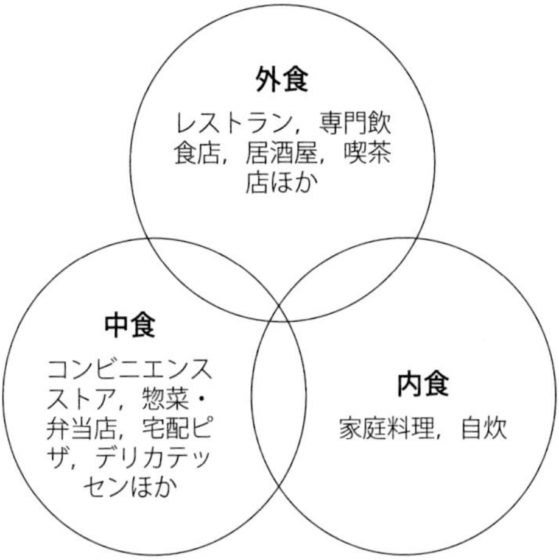

Chapter3 嗜好性の基本

1 おいしさの概念

　おいしさとは何だろうか。生命維持のために栄養だけを摂取しても，私たちは幸福な気持ちになるとは限らない。食べ物を食べて「おいしい」と感じることで，精神的な安らぎを見出し，明日への活力につながったり，食の楽しさにつながったり，食べる行為そのものも好ましく思えたりするのである。人間は生命を終えるまで食べ続けて生きている。すなわち，食べる楽しさを感じることは，生きる楽しさにも通じているといえるだろう。いうならば，おいしさを感じることは，人生の楽しみや快活な活動，充実した生活にも関わっているのである。食べる人においしいと感じてもらうためにメニューは作られているので，おいしさのセンサーである味覚やおいしさを感じる要因についても考えていく必要があるといえる。

（1）味の定義

　味は，味覚が刺激されることによって生じる感覚をいい，5基本味と呼ばれる甘味，塩味，塩辛味，苦味，旨味の5つに分類されている。そのほか，広義的には，口の中の感覚が味に似ていることから，渋味や辛味，えぐ味，収れん味，アルカリ味，金属味なども含める。これらは，痛覚や圧覚などが関与するとされる。5つの基本

味に加えて，温覚，冷覚，痛覚，圧覚などの局所的な体性感覚などの多くの刺激が融合されて味の印象は感じ取られることになる。

渋味は日本人には馴染み深い味である。渋柿を干し柿にして甘味を出させて保存性の高いスイーツとするなど工夫してきたが，甘い柿の中にほのかに残る渋味においしさを感じてきた。しかし近年では，渋味を味わう料理は減少し，あまり好まれなくなってきている。こういった味わいに関する嗜好の変化に関しても，時代に合わせてメニューを開発するのか，はたまた，あえて蘇らせるメニューにしていくのか，など考え方によってメニューは変わっていくのである。

（2）基本味

基本味とは，以下の3つの条件を満たす味のことをいう。

i 他の基本味とは明らかに異なる典型的な味質を有し，他の基本味を混合しても消失しない。

ii 味の受容体が他の基本味の受容体と異なる。これは必要条件であり十分条件ではない。

iii 味覚情報は，他の基本味とは異なる情報として神経を伝わり脳に伝達される。

甘味，塩味，酸味，苦味，および旨味の5味は，上記の条件をすべて満たしているため，5基本味と呼ばれる。

① 甘 味

菓子や果物などのデザート，スイーツなどの嗜好品として私たちの喜びや精神のゆとりに寄与する味である。

甘味を代表する物質はショ糖である。天然の食品にはこのほかに

ぶどう糖，果糖，麦芽糖などの糖類や，グリシン，アラニンなどの
アミノ酸など，甘味を有するさまざまな物質が含まれている。近年
では，カロリーゼロの人工甘味料も料理や商品に用いられている。
低糖質ブームによってメニューにも使われることがある。

② 塩　味

　世界中で用いられる調理の味の決め手となる基本的な味である。
代表的な物質は塩化ナトリウムである。ナトリウムイオンと塩化イ
オンとの組み合わせによって純粋な塩味となる。

③ 酸　味

　料理の味をさわやかな清涼感のある味に仕上げたり，減塩効果に
なったり，食材の甘さを引き出すなどさまざまに用いられる。保存
性を高めることにもつながる。健康ブームによって，お酢が注目さ
れている。

　酸味は水素イオンによって感じられ，代表的な酸味物質は酢酸で
ある。そのほか，りんご酸，クエン酸などの有機酸も，果物や野菜
の酸味に寄与している。また，乳酸は発酵食品の味に関与してい
る。食酢は４〜５％の酢酸を含む。

④ 苦　味

　基本的に子供は苦手な場合が多い。食べ物の味を複雑にする効果
がある。苦味のおいしさは食体験によって培われる場合がほとんど
となる。また，嗜好食品のおいしさに寄与する。コーヒー，チョコ
レート，ビール，ワインなどの苦味は代表例である。苦味そのもの

を調味料として使用することはまずない。

⑤　旨　味

　日本では，昔から昆布やかつお節などで旨味を引き出す調理をしてきている。海外で日本の UMAMI は注目されているが，世界にも旨味の強い食品は存在する。コクを出したり料理の味に深みを出す，まろやかにするといった，おいしさに寄与する味で，学問的に基本味として証明されたのは歴史が浅い。

　昆布に含まれるグルタミン酸ナトリウム，かつお節に含まれるイノシン酸ナトリウム，干し椎茸に含まれるグアニル酸ナトリウムが旨味物質の代表例である。それらを単体で用いる，複合的に用いるなどして味に深みを出すことができる。旨味を多く含む食材として，昆布，かつお節，椎茸などが出汁食材として料理に用いられている。

- ・グルタミン酸ナトリウムを含む食材

  昆布，トマト，タマネギ，アスパラガス，ブロッコリー，グリーンピース，チーズ，緑茶，マッシュルーム，ビーツなど
- ・イノシン酸を含む食材

  カツオ，カツオ節，イワシ（煮干し），サバ，鶏肉，豚肉，牛肉など
- ・グアニル酸ナトリウムを含む食材

  干し椎茸，のり，ドライトマト，乾燥ポルチーニ茸 など
- ・5'ーリボヌクレオチドを含む食材

  獣鳥肉類

・コハク酸を含む食材

ホタテ貝などの貝類

図表4　5つの基本味の調理ポイント

甘　味	砂糖や菓子の甘さは，人間が本能的に好む味である。 調理の隠し味にも用いられる。
塩　味	生命維持のために必要とされる塩味は，摂取したいと思いやすい味。 そのため，醤油，塩，味噌など調味料のバリエーションも豊富。
酸　味	酸味を加えることで味に深みが出る，まろやかに仕上がるなどの効果もある。 酸味を加えることで，保存性が高まり，減塩につながる場合もある。
苦　味	ふきのとう，柑橘類の皮，魚の血合いなど，日本では馴染みが深い。 苦味を加えることで深い味になることがある。
旨　味	日本では古くから味の決め手になっていたが，現在では世界で注目されている。 旨味を加えることで減塩効果もある。

（3）味の相互作用

　甘味，旨味などの味は調理中に混ざるほか，口の中で味わうなどにより，相互に影響し合う。料理における味付けには以下のような相互作用を利用する。メニュー開発の際には，意識的に味の相互作用の利点を活かすことも考えておこう。

① 対比効果

　2種類の呈味物質を同時に，あるいは続けて味わうと，いっぽうの味が強く感じられるようになる。

　例えば，甘いスイカに塩を振ると，スイカをより甘く感じる。

② 相乗効果

　2種類の呈味物質を同時に味わうと，呈味性がそれぞれを単体で用いるよりも強くなる。

　例えば，グルタミン酸ナトリウムとイノシン酸ナトリウムの出汁食材を混合すると，旨味が複雑になり強くなる。

③ 相殺効果

　2種類の呈味物質を同時に味わうと，どちらかの強さが片方により弱められる。

　例えば，コーヒーに砂糖を入れるとコーヒーの苦味が弱くなる。

④ 変調効果

　2種類の呈味物質を続けて味わうと，どちらかの味の質が変化する。

　例えば，食塩水を飲んでから水を飲むと，甘く感じる。

（4）体性感覚

　温覚，冷覚，痛覚，圧覚などの局所的感覚も，料理の味わいを評価する刺激になっている。

　熱々の鍋料理と冷えた鍋料理では，同じ味付けで同じ具材を使っ

ていたとしても，おいしさは異なる。例えば真冬の寒い季節のラーメン店で，「冷やし中華，新メニュー登場！」と看板を出してPRしても，常識としては売上を期待したメニューにはなりにくいだろう。しかし同じメニューでも，ジリジリと真夏の太陽を感じる季節になれば，冷えている麺類は訴求力が高まるのである。温度の違いが，客の「おいしそう」と想像する気持ちに変化を起こすのである。

　だからこそ，体が温まるようなメニューを開発したとしても，温度が下がらないうちにお客様に食べてもらうような配慮のあるサービスや提供方法も必要となってくる。

　また，パリパリとした食感のポテトチップスをしんなりとさせれば，別の食べ物かと思うほどに味わいは異なるものである。ふんわりとした肉まんの食感は，その柔らかさがおいしさにつながる。硬い肉まんの皮の食品があれば，それは新たな食品として食べる側は認識するほどである。

　辛味は，基本の5つの味には入らず，痛覚に分類されている。しかし，舌で味わうと脳はおいしさだと判断する。日本の伝統的な料理には，元来はカレーや唐辛子などの刺激的な辛味はなく，基本的には舌にマイルドにのるような素材を活かす味付けをしてきたが，近年ではエスニック料理のブームなどもあり，辛味はおいしさを判断する重要な要因になっている。

　おいしさは，口の中にある味蕾において感じているが，味の判断は味蕾だけで感じるものではない。実際には，実験と統計によると，「おいしそう」「おいしくなさそう」という判断は，味覚ではわずか1～5％にすぎず，80％以上の割合で視覚によって判断しているといわれている。視覚の次に嗅覚，触覚，聴覚の順に続く。

　例えば青い色のカレーライスを用意して，カレーライスをおいしい食べ物だと思っている人に集まってもらい「おいしそうに見えるか」判断してもらうと，ほとんどの人が「おいしくなさそう」と答える。見た目は通常のカレーライスの色ではないが，味は変わらずにおいしいので，食べてみるように促しても，食べようともしない人も出るのである。

　また，鼻をつまんだ状態でジャガイモとりんごを食べ比べてみると，味の区別ができなかったりする。さらに目隠しを加えると，食べ物が見えない暗闇の中では何を食べているのかわからないといった研究結果もある。

　私たちはりんごを食べる場合，最初にその形状や色を見て，香りを嗅いで，もつことでその重量や感触をあらかじめ感知することによって，脳の前頭葉に集まっている過去の記憶の中から「りんご」というキーワードを選びだして認知した状態にしておく。そして，実際に食べ物が口の中に入ってきたら，味覚が働き，甘い，酸っぱいなどの味を感知していく。そして，過去の記憶や経験も踏まえた上で「このりんごは甘い」「りんごとしては酸味が強い」「おいしい，おいしくない」といった感情の表現をするのである。おいしいかおいしくないかの感じ方は，視覚や嗅覚など総合的な感覚が働いて組み立てられていくのである。そのため，過去にりんごを食べた時に嫌な経験が伴って「りんごは好きではない」「りんごはおいしくない」と思っていたら，新たにりんごを食べても，その過去の経験が強く出た場合は「りんごはおいしいものだった」と判断が変わりにくいのである。もしも新たに食べたりんごをおいしいと思えたら，過去のりんごに対する否定的な感情は和らぐといえる。例えば，トマト嫌いの子供たちが，トマト

農家に足を運び，自らトマトを収穫する経験をして，そのトマトをその場で食べると，「おいしい」と思い，トマト嫌いではなくなるということは珍しくない。目の前の食べ物が口に入るまでの工程に自らが関与したり，何かしらの楽しい経験が伴うことによって，食べ物は「おいしい」につながるのである。

　嗅覚は視覚の次においしさを感じさせる要因の1つとされているが，匂いが味の判断に与える影響も強く，香りを嗅いでおいしそうに感じることや，実際においしく感じることも少なくない。料理を前にして嗅ぐ香りはもちろんだが，食べる前においしそうかどうかを匂いで感じているのである。例えばカレーライスが好物の人にとって，カレーの匂いは，嗅ぐだけで食欲をそそられるものである。どんな料理が出るのかわからない状態で，「料理ができました」と告げられて，もしもカレーライスの匂いがしたならば，すぐにカレーが食べられると脳が認識して期待値が高まっていく。さほど空腹ではなかった状態でも，お腹がすいた状態に変わることもあるのである。

　また，その食べる前のおいしそうな匂いだけでなく，実際に料理を口に入れた後に鼻腔に広がる香りや，その後に鼻から抜ける香りにも，日本人は特に敏感だといわれており，味の判断に影響している。したがって，メニューを開発する中で，視覚的な要素とともに，香りにも注目していくことが求められるのである。

（5）生理的・心理的・環境要因

　好物のハンバーグステーキを家族や友人などと楽しい会話を伴いながら食べた時にはおいしく感じるのに，広い倉庫内でぽつんと一

人きりで食べたらおいしいとは思わない，そういったこともあるだろう。よく「一人で食べてもおいしくない」といったり，いっぽうでは「一人の方が気楽でゆっくり食べられる」などとも表現される。一人ひとりの感覚や感情などもおいしさを左右することがわかる。さらに，耳から入る外部刺激もおいしさにつながる。フランス料理をゆったりとした雰囲気でピアノの演奏を聴きながら食べるのと，同じ料理を騒々しい音の中で食べるのではおいしさには違いが出る。

　また，せっかくのおいしい料理だとしても，健康面が万全ではなかったり，ストレスを抱えているなど心理状態が安定していなかったり，といった，身体的，生理的な要因や精神的，心理的な要因もおいしさの判断に関係している。さらには，食べる時間帯や各人の食習慣，食の情報などの環境要因によっても変わる。

　おいしさの判断の指標は視覚による感知が主であるのだが，料理だけを見て判断しているわけではない。好きな料理を目の前にして空腹状態だったとしても，早く終えなくてはならない仕事の資料に囲まれている状態では，どうしてもその資料が目に入って落ち着いておいしさを味わえないかもしれない。また，整理整頓されていない雑然とした環境で食べる場合には，心地よさを感じにくい可能性もある。食べる時の周囲の環境もおいしさを左右するのである。視覚的環境を100％とすると，目の前の料理は約5％の色面積で，食器類や小物などの品は約30％前後，残りの65％前後の色面積を占めるのは周囲の景色とされる。このように，同じ食べ物を同じ人が食べたとしても，食べるときの外的環境や内的環境によっておいしさの感覚は変化するのである。

（6）環境要因の要素

環境は，食べる側の生理的・心理的な状況を左右させ，食べ物のおいしさにも影響を与えるものである。環境とは，食べる側に影響を与える，現在にとどまらない過去を含んだ環境を称する。

① 食事環境

以下に挙げるように，食事をする際の環境が嗜好性に与える影響は大きい。

・食べる行為に興味が起きない原因は，過去に食べたときのつらい経験が背景にある，という場合もある。食事をしているときの雰囲気，会話，誰と食べたのか，などがおいしさにつながる。近年は誰かとともに食べる共食の重要性が伝えられているが，それは一人で食べる孤食や，個人個人が同じ料理を食べない個食の増加があることが背景にある。

・食卓の清潔さや食器と料理の調和，食器と食器，テーブルとの調和などの視覚的なバランスといった食卓の状況もおいしさの判断に関与する。

・食卓だけにとどまらず，室内の気温，しつらえ，色合いなども同様である。

② 食習慣

各国，各地域，各家庭によって食習慣は変わる。食習慣が嗜好性に与える影響は大きく，例えば今では世界中で人気となった寿司も，以前は魚を生の状態で食する習慣のない国の人にはおいしいものではなかった。国内においても，納豆をおいしいと思う人もいれ

ば，食べない地域もある。食習慣は，親から子へ受け継がれること
が多く，家族の大人が嫌いな食べ物は子供も嫌う傾向にある。しか
し最近では食はグローバル化しており，地域性は減っている傾向も
見られる。

③　気候・風土

　文化圏によって食の嗜好は異なる。これは，その地域の気候や風
土により得られる食材が変わり，調理法も異なるため，自然に食文
化の地域性ができたという経緯によるところが大きい。

④　宗　教

　日本では，宗教が嗜好性に影響を及ぼすことは比較的少ない。し
かし，ヒンズー教，イスラム教など，戒律をもとに食べることが禁
止されている食材が存在する宗教もある。

　イスラム教においては，イスラム法で許されたものを「ハラール
（ハラル）」，禁じられたものを「ハラーム」という。ハラールにあ
てはまる食品を「ハラールフード（ハラルフード）」という。イスラ
ム教の人が日本へ来た際に食べられる料理をメニュー開発する際に
は，注意しなくてはならない。戒律がもとになっているため，どこ
までをハラールとするか，どこまで厳格に守るかは宗派や地域，個
人の信仰の度合いによって異なるので，個別の対応が求められる。

【イスラム教においてハラームとされる食べもの】

・豚　肉

　　食品そのものだけでなく，ハムやソーセージ，ベーコンなどの

加工食品や，豚のエキス・油にも注意が必要となる。ブイヨン
やゼラチン，豚の脂であるラードなども同様である。

豚肉と同じ器具を使って調理された食べものを嫌うこともある
ため，調理や配膳にも配慮が求められる。

・**酒　類**

イスラム法では，アルコールは禁止されている。飲むだけでな
く，料理酒やみりん，香りづけ用のワインなど，調理をする上
での調味料として使われるアルコールや，お菓子類やデザート
類に入れるリキュールなどにも留意しなければならない。

・**イスラム法上適切に処理されていない肉**

たとえ豚肉以外の肉であっても，イスラム法の規定に則した屠
殺方法・調理器具・調理場で処理されていない肉は避けられる
ことが多い。また，肉の焼き具合にも注意が必要だ。

海外から輸入した肉には，適切な処理を施したかどうかわかる
ように「ハラルマーク」をつけることも多い。

・**一部の魚介類や生魚**

一部の宗派ではウロコのない魚を食べない。例えば，うなぎ，
イカ，タコ，貝類などである。また寿司などの生魚は食習慣に
ないため嫌う人もいる。血液を避ける傾向があるため，魚の焼
き具合にも注意が必要だ。

　中でも特に豚肉とアルコール類は多くの食品に使用されている。
そのため調味料や加工食品の原材料を確認して使用することが求め
られる。さらに，ハラーム食材を使用した調理器具で料理された食
べものも避ける場合があるため，調理器具や厨房を分けることも推

奨される。

（7）調味料の基本

　調味料は，2種類以上用いられることで下記のような相互作用を
もつ。

① 味の相乗作用

　昆布とかつお節の両方でとった出し汁の旨味は，どちらか単独で
用いた出し汁よりも良くなる。これは昆布に含まれるグルタミン酸
とかつお節のイノシン酸の相乗効果による。

② 味の対比作用

　異なる味をもつ2種類以上の呈味物質を混合したとき，主となる味
が強められる。汁粉やねりあんを作る際には砂糖の甘さだけよりも
少量の食塩を追加することで，砂糖の甘さが強く感じられるように
なる。

③ 味の相殺作用

　異なる味をもつ2種類以上の呈味物質を混合したとき，一方あるい
は両方の味が弱められる。レモンに砂糖やはちみつを加えるとレモ
ンの酸味が緩和されて感じられる。レモンスカッシュなどはその例
となる。合わせ酢では，お酢に食塩や砂糖を合わせることにより，
酸味が緩和されて感じられ，まろやかな味になる。酢の物は主にこ
の作用を利用してレシピが作られている。

Chapter4　レシピ制作の基礎

・・・・・・・・・・・・・・・・・・・・・・・・・・・・・・・・・・・・・・

　メニューを開発するにあたり，仕事を依頼する店舗，企業，その
メニューを使用する媒体，消費者など開発者本人以外の相手に対し
て，メニューのレシピは開発される目的がある。レシピを共有する
ことによって，そのメニューを誰でも再現し，作ることが可能にな
る。メニューのクオリティを安定させること，メニューに客観性を
もたせる意味がある。

　例えば，開発したメニューをチェーン展開する大手飲食店で提供
する場合は，レシピの調理手順に基づきすべての店舗で同じ味が作
れるようになることが可能となる。しかし実務では，作り手によっ
て「よく混ぜる」の「よく」の加減が多少異なることもあるため，
同じ材料，同じ調理手順で作ったとしても多少の味の違いが出るこ
とはある。また，料理に使用する水の pH や，気温などの自然環境
によってもメニューの仕上がりに違いが出る可能性もある。

　飲食店のメニュー開発の場合，調理経験が豊かな人材がいること
も多い。その場合は，細部にわたるレシピがなくとも料理を再現す
ることが可能となる。

1　レシピ

　レシピとは，料理などの調理法を示した指南書のことである。料
理のレシピには主に，材料と分量，調理の手順が書かれている。ま

図表5　レシピの形態

① メニュータイトル
　わかりやすいタイトル，個性あふれるタイトル，臨場感のあるタイトルなど

② 人　数
　何名分のレシピなのか

③ 材料と分量
　分量は重さ，体積などで表現する。

④ 調理の手順
　簡潔に，かつ，ポイントをつかんだ，わかりやすい書き方が望ましい。

⑤ 画像，イラストなど
　必須ではないが，あると視覚としてイメージがわきやすい

⑥ その他
　カロリー，栄養成分，原価率，売価など

た，そこに全材料，調理工程，完成品の画像や絵コンテが追加されることも多い。健康志向の関係で，カロリーや糖質の分量などが書かれることもある。

　最近の傾向としては，調理工程があまり複雑ではないもの，誰でも簡単に作りやすいものが受け入れられる傾向にある。

（1）主な調理法

　主となる調理法には以下のようなものがある。生，焼く，煮る，蒸す，揚げる，炊く，茹でる，炒める，あえる。調理法の「生」は，単に食材をそのまま提供するものではなく，和食において重要

な調理法の1つである。一尾の大きな魚を素早く手順よく調理するには熟練の技や経験が必要となる。蒸し煮，揚げ煮，炒め煮など，2種類以上の調理法を合わせて作る方法もある。調理法を複合的に用いることによって，料理の味に深みが増したり，食味を良くしたりすることができる。

（2）調理用計器

　調理を行うにあたり，料理を客観的に合理的に作るために，また，栄養の管理上においても計量をする。調理用計器には，重量を計る計器，容量を計る計器，温度を測る計器，時間を計る計器がある。

①　重量を計る計器

　食品の重量を計る計器には，最大で50kgぐらいを計れるものから，1kg程度のもの，また小さな重量まで計れる計器など数種類ある。扱う料理によって使用する計器は変わる。

②　容量を計る計器

　液体や少量の粉体は容量で計り，リットルやミリリットルなどと表示することが多い。また，計量カップや軽量スプーンが用いられる。

【計器の容量と重量の目安】

　1つのレシピの中に，重量と容量の両方の表記があることもある。図表6は，調味料の重量と容量の関係の目安である。

　計量スプーンは 5 ml, 15ml, 計量カップは 200ml, 500ml, 1,000ml などが主に用いられている。小さじ一杯が 5 ml, 5 cc, 大さじ一杯が 15ml, 15cc となる。また, 1 カップは, 小さじ 40 ＝大さじ 13 と小さじ 1 が同量の目安となる。参考値としてとらえることが必要で, 試作をして実際の計算をすることが必須である。

図表 6　調味料の容量と重量の関係の目安

食 品 名	小さじ1 5ml 5cc	大さじ1 15ml 15cc	1 カップ 200ml 200cc	水との比較
水	5 g	15 g	200 g	1.0
酒・ワイン・酢	5 g	15 g	200 g	1.0
しょうゆ・本みりん	6 g	18 g	230 g	1.15
みりん風調味料	6 g	19 g	250 g	1.25
みそ	6 g	18 g	230 g	1.15
粗塩〈並塩〉・天然塩	5 g	15 g	180 g	0.9
食塩・精製塩	6 g	18 g	240 g	1.2
上白糖（砂糖）	3 g	9 g	130 g	0.65
グラニュー糖	4 g	12 g	180 g	0.9
ざらめ	5 g	15 g	200 g	1.0
水あめ・はちみつ・メープルシロップ	7 g	21 g	280 g	1.4
ジャム	7 g	21 g	250 g	1.25
マーマレード	7 g	21 g	270 g	1.35
油・オリーブ油・ごま油	4 g	12 g	180 g	0.9
バター・マーガリン	4 g	12 g	180 g	0.9
ラード	4 g	12 g	170 g	0.85
ショートニング	4 g	12 g	160 g	0.8
コーンスターチ	2 g	6 g	100 g	0.5
小麦粉（薄力・強力）	3 g	9 g	110 g	0.55
小麦粉（全粒粉）	3 g	9 g	100 g	0.5

片栗粉・上新粉	3 g	9 g	130 g	0.65
ベーキングパウダー	4 g	12 g	150 g	0.75
重曹	4 g	12 g	190 g	0.95
生パン粉・パン粉	1 g	3 g	40 g	0.2
オートミール	2 g	6 g	80 g	0.4
粉チーズ	2 g	6 g	90 g	0.45
ごま	3 g	9 g	120 g	0.6
道明寺粉	4 g	12 g	160 g	0.8
マヨネーズ	4 g	12 g	190 g	0.95
牛乳（普通牛乳）	5 g	15 g	210 g	1.05
ヨーグルト	5 g	15 g	210 g	1.05
生クリーム	5 g	15 g	200 g	1.0
ねりごま	5 g	15 g	210 g	1.05
トマトピューレ	6 g	18 g	230 g	1.15
トマトケチャップ・ウスターソース	6 g	18 g	240 g	1.2
分離型ドレッシング	6 g	17 g	-	-
ノンオイルドレッシング	5 g	15 g	-	-
わさび粉	2 g	6 g	70 g	0.35
カレー粉	2 g	6 g	80 g	0.4
からし粉	2 g	6 g	90 g	0.45
こしょう	2 g	6 g	100 g	0.5
脱脂粉乳	2 g	6 g	90 g	0.45
粉ゼラチン	3 g	9 g	130 g	0.65
粉寒天	1 g	3 g	-	-
うま味調味料	4 g	12 g	160 g	0.8
顆粒ガラスープの素	3 g	9 g	-	-
番茶（茶葉）	2 g	6 g	60 g	0.3
煎茶（茶葉）	2 g	6 g	90 g	0.45
抹茶	2 g	6 g	110 g	0.55
紅茶（茶葉）	2 g	6 g	60 g	0.3
ココア（純ココア）	2 g	6 g	90 g	0.45
レギュラーコーヒー	2 g	6 g	60 g	0.3

図表7　米の重量目安

	1 カップ	水との比較
胚芽精米・精白米 1 合（180ml）＝ 150g	170 g	0.85
もち米 1 合（180ml）＝ 155g	175 g	0.875
無洗米 1 合（180ml）＝ 160g	180 g	0.9

（注）食品によって，容量（かさ）が多くなるにつれ重量が変わっていくものがある。かさの比重により，軽量スプーンと軽量カップは単純な比率では計算できない食品がある。参考値としてとらえること。

出所：文部科学省「日本食品標準成分表 2015 年版（七訂）」，栄養士養成シリーズ「改定調理学」光生館，1998 年，女子栄養大学出版部刊「七訂 食品成分表 2020 本表編」，国立健康・栄養研究所「重量目安表」2009 年 9 月（2013 年 7 月改訂），厚生労働省「食品目安量・重量換算表」（平成 18 年国民栄養調査・食品番号表）を参考。

（3）料理用語

　料理を作るにあたり，レシピに用いられる主な用語は下記のとおりである。

●アク抜き

　料理の色合いをよくするため，野菜などを水にさらす，または軽く茹でてアクを抜くこと。

●あしらい

　料理の主材料の味を引き立てたり，香りや彩りを添えるために用いる。つけ合わせ。吸物では椀の細いつまなどをあしらいと呼ぶこともある。

●油落とし

中国料理の手法で，いったん食材を油で揚げて，油を落としてから調理をし直すこと。

●あぶら抜き

揚げた食材やもともとの素材の油脂を，熱湯をかけるか軽く茹でて抜くこと。

●あられ切り

さいの目切り（約1cm角）よりも細かい3〜5mm角ほどの角切り。

●板ずり

きゅうり，ふきなどの野菜に塩をふり，まな板の上でこすりつけること。きゅうりは表面のとげが取れ塩がしみ込みやすくなり，皮が柔らかくなる。ふきは皮をむきやすくなる。また，色艶が鮮やかに仕上がる。

●一番だし

かつお節や昆布などで最初に取っただし。一度だしを取っただしがらに水を加えて，さらに煮たものを二番だしという。

●いちょう切り

丸い棒状のものを縦4つ割にして1〜2mm薄く切ること。和食で人参などに用いられる。

●色だし

野菜類をさっと熱湯に通すことによって，より色鮮やかにすること。すぐに冷水に落とす場合が多い。

●薄塩

食材に塩を少しふること。薄い塩味をつけるほか，水っぽさ，生

臭いにおい，青臭さを除く効果がある。

●内引き

魚の皮の引き方の1つ。身割れしやすい魚に用い，包丁の刃を内側にむけて皮と身の間に差し入れ，前後に動かしながら皮を取る。

●裏ごし

茹でた野菜や卵，魚などをふるいなどでペースト状にすること。

●追いがつお

煮物を作るときなどに調味したかつおだしで煮た後，さらにかつおの風味をきかせたいときに，削りがつおを加えてうまみを補うこと。

●落とし蓋

煮物をするときに，鍋よりひと回り小さい蓋で蓋をすること。材料の煮くずれを防ぎ，煮汁が蓋を伝って全体にいきわたるので，味を十分にしみ込ませることができる。また，密封していないため，吹きこぼれにくい。

●隠し包丁

材料に火が通りやすくする，味がしみ込みやすくする，食べやすくするなどの目的のために，盛りつけるときに食材の裏側になるように裏面に目立たないように切り込みを入れること。大根の厚切りをじっくり煮込むときなどに用いられる。

●片面開き

魚の切り身や厚みのある肉などの身の厚い部分に包丁を入れて開き，厚みを均等にすること。

●かつらむき

野菜を6〜7cmの長さの円筒状に切り，薄い帯状に回し切りにすること。大根などはかつらむきをして飾りつけに使用したり，かつらむきの後に細く針状に切る方法もある。

●観音開き

身の厚い魚の切り身などを，中央から左右に包丁を入れて両側に開くこと。和食やフレンチ，イタリアンなどでもその中に他の材料を包む方法がある。

●くし形切り

レモンなど球形の材料を縦割りにして，櫛に似た形に切ること。

●くり抜き

材料を球状に取り出したり，中身を取り出したりする方法。半球形の専用の道具をさす場合もある。

●化粧塩

和食では，魚を姿焼きにする場合，きれいに仕上げ，かつ焦げないようにするため，ひれや魚の尾などに塩をまぶしつける。

●こす

紙や布，茶こしやザルなどを使って液体の中の固形物を取り除くこと。

●こそげる

ゴボウや生姜，里芋などの根菜は皮の下に風味や香りがあるため，それを損なわないよう，包丁の峰（背の面）やタワシなどで軽くこすって皮をむくこと。ピーラーでむくことは，こそげるとは言わない。

●さし水

麺や豆などを茹でる際，沸騰した湯をいったんさますために加える水のこと。吹きこぼれや材料の表面の茹ですぎを防ぐ。また，芯まで均一に火を通しやすい。

●さっくり混ぜる

ヘラや箸などを縦にもって切るようにして混ぜ合わせること。天ぷらの衣作りや洋菓子の生地作りに用いる方法。サックリと仕上げることができる。

●さらす

材料に含まれているえぐみ，渋み，臭みなどのアクを取り除いたり，切り口が変色するのを防ぐために，しばらく水に浸すこと。

●塩抜き

わかめや数の子などの塩漬けされた食品の塩分を抜くことで，「塩出し」ともいう。真水に浸す場合と薄い塩水に浸ける場合があり，後者は「呼び塩（または迎え塩）」ともいう。数の子などの場合，浸けることで適度な塩気だけが残り，数の子が水っぽくなるのを防ぐことができる。

●下味

下味をつける，という。塩，胡椒，酒や香辛料をふったり，塩こうじや醤油などの調味液に浸すなどして，あらかじめ味をつけておくことをいう。その後の調理の手間を省くことや，肉や魚などの臭みを消したり，素材をやわらかくするなどの目的がある。

●霜降り

生の魚や肉をさっと熱湯に通すこと。中まで火を通さずに，表面だけに火をあてる。臭み，ぬめり，脂肪分を除き，身をしめ

てうまみを逃さないための方法で，白く霜が降りたように見える
るのでこう呼ばれる。霜降りはまた，ブランド牛肉などに美し
くはいった脂肪分（さし）にも称される。

●少々

親指と人さし指の２本でつまんだくらいの量。小さじで1/8程
度。

●せん切り

野菜を細く切ること。せんに打つともいう。

●外引き

魚の皮の引き方の１つ。ほとんどの魚（特に皮のしっかりした
魚）に向く。包丁の刃を外に向けて手前から向こうへ押すよう
にして，皮を引く。

●立て塩

海水とほぼ同じ濃さの塩水（約３％）で，材料にまんべんなく
薄い塩味をつけたいときや塩抜きをするときに用いる。貝の塩
抜きや魚介類の下洗いをしたり，野菜をしんなりさせる。

●短冊切り

野菜の切り口を長方形に切り整えてから，１〜２ミリの薄切り
にすること。

●とろみをつける

ソースや煮汁などの汁に，「水溶き片栗粉」を加えてとろりと
させること。片栗粉の代わりに米粉，小麦粉，コーンスターチ
などを用いることもできる。煮物や和え物，炒め物すべてに用
いる。水っぽさを軽減させて素材のうまみをとじこめることが
できる。和食のあんや酢豚，麻婆豆腐などを作る際に用いるこ

とが多い。水溶き片栗粉は，水を加えてつくる。お湯を加えると，片栗粉が固形化してしまう。

●鍋肌から回し入れる

調理の途中に，鍋の縁沿いに回し入れるように水や調味料を入れること。熱い鍋の内側（鍋肌）を伝わらせることで，調味料などの香ばしさが増す。また，材料を「鍋肌に沿って入れる」という場合は，鍋の縁から滑らせるように材料を入れることをいう。

●煮きる

酒やみりんを鍋で一度沸騰させ，アルコール分を飛ばすこと。

●煮詰める

煮汁が少し残る程度までに凝縮させながら煮ること。煮詰めることで味がしっかりと素材につく，保存性が高まるなどの利点がある。煮詰まった汁を熱いうちに食材にからめるように仕上げることを「煮からめる」といい，照りが出る。

●煮浸し

薄味の煮汁でさっと煮て，そのままさまして味を含ませたもののこと。

●煮含める

薄味の多めの煮汁で煮ながら材料の中まで味をしみ込ませること。「含め煮」を作る際に用いる方法。
弱火でじっくり煮るため煮崩れせず，火を止めた後に煮汁の中に数時間置くことで，さらに味をしみ込ませることができる。

●ひたひた（かぶるくらい・たっぷりの水）

鍋などに入れた食材の上部が，少しのぞく程度の水の量。これ

に対して「かぶるくらい」は，材料の上部がぎりぎり出ないくらいの水の量。また，「たっぷりの水」は，食材全体がしっかりと浸かる程度の水の量を指す。

●ひと塩

魚などに軽く塩をふること。小魚の場合は，海水程度の塩水に５分ほど浸けておくこともいう。余分な水分や臭みを抜く目的がある。

●ひとつまみ

親指，人さし指，中指の３本の指先でつまんだ量を指し，小さじ 1/5 ～ 1/4 程度。

●みぞれ和え

大根おろしを加えたあえ物のこと。「おろしあえ」ともいう。

●蒸し煮

少量の水を加えたり食材自体の水分を利用し，蓋をして焦げ付かないよう弱火で蒸すように加熱すること。蒸し焼きは，材料を焼いた後で，水を加えて蓋をし，蒸すように加熱すること。

●ゆがく

茹でるよりも短時間で加熱することで，野菜などの歯ごたえを残す料理法。さっと茹でるともいう。

●茹でこぼす

材料を茹で，いったんその茹で汁を捨てること。里芋のぬめりやゴボウのアクなどを取り除くための方法。その後調理することで，仕上がりが洗練されて食材の良さが引き出される。

●湯通し

沸騰した湯の中をくぐらせたり熱湯をかけたりすることで，食

材の表面だけを軽く熱すること。殺菌や臭み取りができる。

●湯むき

トマトの皮をむく際に主に使われる方法。トマトを熱湯に軽くくぐらせてから冷水に入れると皮の端がめくれ上がってくるので，そこから手でむく。

●余熱

鍋やフライパン，オーブンなどに残った熱のこと。仕上がりの7～9割のところで火を止め，そのまま余熱だけでゆるやかに火を通す。食材が加熱し過ぎず食味がよくなる。

（4）基本の調味料

調味料は，料理に味をつけ，嗜好性を高めるとともに，食感を変化させたり，風味を引き立てるなどの働きをする。また，結果として食欲増進や消化吸収を高める効果もある。

調理に欠かせない調味料だが，現在では世界中の調味料を購入することができ，調味料は進化し続けている。日本における基本の調味料，「さしすせそ」といわれる5種類にプラスしたものを把握しておくこと。

現在では，数多くの用途やシーン別の調味料が販売されている。より嗜好性を高めた，料理専用の調味料も生まれている。基本となる調味料の特性を熟知することで，素材の活かし方も変わってくるといえる。ドレッシングや麺つゆ，マヨネーズ，ポン酢など一般的な商品として売られている調味料の多くは，基本の調味料を混ぜることで手作りすることが可能である。

52

① 砂　糖

　調味料としての砂糖は，料理に甘味を加えるほか，他の食材の味をまろやかにやわらげる役割にも利用される。さとうきびやてんさいから作られる。塩や醤油よりも味が素材にしみ込む時間が長いため，調理に入れる調味料の中では，最初に入れるのが基本とされている。

　●黒砂糖

　　さとうきびの絞り汁をそのまま煮詰めて固めたもの。ミネラルが豊富で疲労回復にも適するとされている。

　●上白糖

　　砂糖市場の主流として消費されている。精製度が高く，しっとりしており，幅広く使用される。

　●三温糖

　　上白糖を取った後の糖液を煮詰めて作る。そのため，煮詰めた際にできたカラメル色をしている。

　●グラニュー糖

　　結晶が大きく，角砂糖はグラニュー糖を固めたものである。

　●ざらめ糖

　　グラニュー糖よりさらに結晶が大きい。

　そのほか角砂糖，氷砂糖，粉砂糖などがあり，用途によって使い分けられる。

　砂糖は水に溶けやすく，温度によって結晶化，脱水作用などを伴い，多様に変化する。加熱による変化としては，加熱後130℃付近

から転化（ブドウ糖と果糖に分解）が始まり，170℃付近で着色し始めて，焦げ臭が出始める。目安としては165℃ほどでべっこう飴，165℃〜180℃でキャラメルソース，さらに，180℃以上で無水化していきカラメル化する。黒く焦げた色になると，甘さはほとんど感じられなくなる。

② 食　塩

　食塩は，海水から作る海塩，岩塩層から作る岩塩，塩分を含む湖から作る湖塩があるが，日本で作られる塩は，海水を資源として作る海塩である。食材や調理法によって，岩塩が適する場合もあり，また，海塩にも多種類あるため，料理との相性も考えて塩を選ぶのがよい。

　濃い塩水を煮詰めて作る塩は，にがり分を多く含み，「自然塩」，「天然塩」と呼ばれる。いっぽう，塩化ナトリウム純度99％に精製され，にがり分が少ないタイプの塩があり，「精製塩」と呼ばれる。

　粗塩は，粒子が大きく，にがりのマグネシウムやミネラル分を多く含み，精製塩よりもしっとりとしている。液体や食材にゆっくりと馴染み溶ける特質があるため，漬物などに使用すると，乳酸発酵がおだやかに進み，うまみが出る。いっぽうで，料理の仕上げなどに使用すると味にむらが出ることがある。食塩は水に溶けやすく，また，水分を含み過ぎた食塩は加熱して水分を追いだすこともできる。食塩の働きは，調味料として塩味を付加するほか，

　・浸透圧による脱水作用…野菜の水分除去

　・発酵調整

・微生物の繁殖抑制…漬物

・防腐効果…塩辛

・たんぱく質の変性…塩蔵品

・溶解作用…すり身

・熱凝固の促進…卵液

・酵素活性の抑制…褐変防止

・葉緑素の安定化…緑色野菜

・食品の洗浄作用…粘質物

・味を引き締める

などの作用がある。

③　食　酢

　原材料別に，米酢，穀物酢，醸造酢に大別される。米酢は，米だけを原料とした酢で，穀物酢は米やその他の穀物をブレンドして作った酢である。醸造酢は，ブドウやりんごなど果物から作られる果実酢などがある。

　日本の食酢は，清酒を原料とした米酢から始まり，現在では種々の酢が購入できる。食酢は食品に酸味を加えるだけでなく，殺菌効果（魚の酢しめ），発色（しそ），褐変防止（蓮根・うど），テクスチャ（質感，感触など）の改良（酢蓮根），たんぱく質の凝固（落とし卵），肉の軟化作用（マリネ）などの作用がある。

④　醤　油

　醤油は塩味を加える以外に，発酵食品特有の香り，旨味，色を付

加する。種類は，濃い口，薄口，たまり，再仕込み醤油，白醤油の
ほか，消費者の嗜好に合わせて，減塩，うす塩，あさ塩，あま塩な
どがある。

●濃い口醤油

大豆と小麦がほぼ同量で成り立っており，一般的な醤油といえ
る。汎用性が高く，料理に幅広く使用されている。大豆を丸ご
と使用した丸大豆醤油もある。

●薄口醤油

関西で好まれる薄口醤油は，塩分濃度が低いのではない。発酵
や熟成を濃い口より抑えて作られており，食材の色を残したい
時などに用いられている。素材の持ち味を活かし，炊き合わせ
などに使用される。

●たまり醤油

色，味ともに濃く，とろりとしている。小麦をほとんど使わず
主に大豆で作られる。照り焼きやかば焼きなどに重宝される。

●再仕込み醤油

刺身醤油，甘露醤油ともいう。二度醸造するような作り方で，
色，味ともに濃厚で，味のしみにくいこんにゃくの煮込みや，
豆腐や刺身などに適する。

●白醤油

主原料は小麦を使い，大豆は少ない。淡い黄色で香りが強く，
ほのかに甘さがある。低温，短期間で作られ，薄口醤油よりも
発酵をさらに抑えて作られている。茶碗蒸しや煮物などに用い
られる。

56

```
塩分濃度の目安
濃い口…塩分約 15%     薄口…塩分約 16%
減塩…塩分約 9 %
```

⑤　味　噌

　味噌は，複雑な味，香り，色，舌触りがあり，塩味の付与とともに，香りづけなどの役割もある。種類は，米味噌，麦味噌，豆味噌など麹の種類によって異なる。原材料の大豆の処理法と塩の配合比によって，味と色の異なるさまざまな味噌ができる。減塩味噌，甘口，甘塩，淡塩，マイルドなどの表示があり，出汁入り味噌などの加工された味噌も売られている。また，信州味噌，仙台味噌，西京味噌，八丁味噌など，地域に根差した食文化としての味噌が各地域にある。

⑥　酒　類

　飲料でもある酒類は，調味料として使用されている。風味や香りを付加する，つやを出す，食感をえる，匂いを消すなどの用途がある。

　清酒（日本酒）は和食や中国料理，そのほかのアジアン料理に，ワインやブランデー，ウイスキー，各種リキュールなどの洋酒は西洋料理や洋菓子に主に利用されているが，多少の相互代替は可能であり，新しい発見が見出せる場合もある。

　清酒は，魚料理の生臭さを取り除いたり，炊き込みご飯の食感をふくよかにしたり，煮物などにテリやつやを出させる。また，鍋やすき焼きなどの隠し味として風味を増すことができる。中国料理では，肉料理などのテリやつや，魚の風味をまろやかにさせる。

　ワインは西洋料理のメインディッシュのソースに加えたり，シチューなどの煮込み料理などに風味や香り，テリを加える，臭みを消すなどの役割に使用される。ブランデーは，ステーキや鉄板焼きの仕上げにふりかけることで，臭みを揮発させるとともに，肉の表面につやを出させて，ブランデーの香りを肉に付加させる。

　洋菓子には洋酒が多く利用されている。ラム酒やオレンジリキュールなど，風味をつけたり，菓子に奥深さを与える。ジンは，スポンジ生地に加えることで，軽くふくれ，また，焼いた際には卵の臭みを揮発させる。さらに，バターと合わせることでバターの余分な香りを取り除くことにも利用される。

⑦　みりん

　みりんは清酒の元祖ともいわれ，米，米麹，焼酎または醸造用アルコールを原料とした糖分とアルコールを主体とする，日本古来の甘味調味料である。

　砂糖よりも分子量の小さいブドウ糖が主であることから，食品への浸透性は砂糖より優れている。料理につや，てり，香りをつけ，焼き色を美しくするなどの効果があり，調理途中や仕上げの両方に利用されている。

　主に，生産工程の異なる2系統のみりん類似調味料が提供されている。1つは「みりん風調味料」で，発酵や醸造の過程がなく，みりんの糖の含量を参考にして糖やアミノ酸，有機酸などを混合したもの，もう1つは，「発酵性調味料」で，酒類としてのみりんに似ながらも酒類の範囲にならないように作られたもので，米麹や変性アルコールなどを目的に応じて添加している。

⑧　うま味調味料・風味調味料

　うま味調味料は，グルタミン酸ナトリウム，イノシン酸ナトリウ
ム，グアニル酸ナトリウムなどのうま味成分を主原料とする調味料
で，味に深みやうま味を出させる。和風だしの素，洋風だしの素，中
華風だしの素などを基本に，数多くの調味料が出ている。いずれも食
塩のほか，場合によっては砂糖などを加えて作られているため，料理
の構成により塩分量や糖分量などを考えなくてはならない。

⑨　油　類

　油は食材をコーティングして，その持ち味を保持する役割や，味
をまろやかにする，食感を変える，異質の食材を融合させるなどの
役割がある。また，揚げ物や炒め物などに利用するほか，中国料理
の油通しなどの利用法もある。

　大豆油，コーン油，オリーブオイル，胡麻油，キャノーラ油など
植物性油と，バター，ラードなどの動物性油脂がある。

　植物性油は，オメガ３，オメガ６，オメガ９に分かれる。オメガ
３は，DHA や EPA を含むものとして，健康維持に関与するとし
て話題になった。

考えて
みよう！

　植物性油と動物性油は，料理の中でどう使い分け
られるのか。
　植物性油のオメガ３，６，９にはどんな油があるの
か。また，その違いについて調べてみよう。

⑩　香辛料

　香辛料には，匂いを消す，香りをつける，食欲を増進させる，色をつけるといった4つの基本作用があるが，さらに，味にアクセントを加えたり，彩りを添えるなど，料理やそれに添える別の料理や飲み物の味わいも変える効果がある。

　また，食欲が増進し，消化吸収が高まるものもある。世界には数々の香辛料があり，食のグローバル化によって，日本でも多種類が使用できるようになっている。香辛料は，野菜としても食べられるフレッシュなものから，乾燥品や乾燥粉末，フリーズドライ，油溶品などとして用いられる。

●和風香辛料

　ネギ，生姜，鷹の爪，ワサビ，山椒，柚子，しそ，ミョウガ，辛味大根など

●洋風香辛料

　胡椒，ナツメグ，シナモン，ジンジャー，ガーリック，クローヴ，ローリエ，セロリ，パプリカ，タイム，サフラン，バニラ，パセリなど

●中国香辛料

　ニンニク，唐辛子，山椒，八角，ウコン，香菜，生姜，胡麻油など

⑪　ソース

　日本では，ソースはウスターソースをさす。そのほか，中濃ソース，濃厚ソースなども使い分けられている。食品に甘さや塩味，うま味，酸味などを付加させることができる。

図表8　香辛料の機能

直接効果
芳香作用，呈味作用（辛，苦，甘），着色作用，抗菌作用，抗かび作用，抗酸化作用，薬理作用
複合効果
食欲増進作用，矯臭作用，脱臭作用，防腐作用，保存作用，テクスチャー改善

図表9　香辛料の基本作用

	基本的な作用	主な香辛料名
矯臭作用	肉や魚の臭みを消す	ガーリック，ローズマリー，ジンジャー，オニオン，セージ，オレガノ，タイム，ベイリーフ
賦香作用	主に肉料理に合わせて香りをつける	オールスパイス，八角，クミン，パセリ，セロリ，バジル，カルダモン，クローブ，ミント，シナモン，コリアンダー，ナツメグ，セージ，バニラ，アニス
食欲増進作用	辛味による唾液促進作用によって，その芳香とともに食欲を増進させる	わさび，山椒，ブラックペッパー，ホワイトペッパー，レッドペッパー，ジンジャー，マスタード，ガーリック，オニオン
着色作用	色付けによっておいしそうに見せる，その色がつくことで料理として完成する	パプリカ，ターメリック，マスタード，サフラン，カレー粉

⑫　ケチャップ

　日本でケチャップとはトマトケチャップをさす。トマト加工品はケチャップのほかに，トマトジュース，トマトピュレ，トマトペースト，トマトソースなどがあり，使い分けられている。

⑬　ドレッシング

　油と食酢と塩分を合わせて作られたソース・ビネグレットのことをいい，多くの種類がある。広義ではマヨネーズも含まれる。マヨネーズは，油脂，食塩，卵，食酢によって作ることができるため，オリジナルのマヨネーズを使用することによって新たなオリジナルメニューを作成することが可能である。

Chapter 5　外食のメニュー開発

1　飲食店におけるメニュー開発に求められるもの

　お客様はなぜ，わざわざ足を運び，お金のかかる外食をするのだろうか。改めて考えてみよう。

　お客様が飲食店に行く目的は，「シェフに会いたいから」「心が落ち着く場所だから」「店の壁に飾ってある絵画が素晴らしいので見たいから」…。そういった理由のときもなくはない。しかし一般的には，お客様が店を訪れる一番の動機づけになるものは，「料理」であることは否めないだろう。

　店のメニューを食べることによって，はじめてお客様は対価を支払うのである。店は，お客様が来店して「メニューを買う」ことをしない限りは，収入を得ることができないのである。

　飲食店にとって，メニューは店の顔である。

「おいしい料理が食べたいから」

「疲れているので元気になりたいから」

「人が勧めた料理を食べてみたかったから」

「料理を作るのが面倒だから」

「今流行っているので，知っておきたいから」

　メニューを中心として，お客様は活動される。来店動機はさまざまだったとしても，すべてはメニューを中心にできているのである。

　しかし，飲食店にとってはお客様にメニューを食べてもらうことが，主たる売上である。お客様は「この店が気に入った」，「このメニューが大好き」だとしても，1日に10回も来訪してくれない。毎日通ってくる熱烈なファンだとしても，せいぜい1日1回が限度だろう。

　気に入ったワイシャツを一度に10枚買うことがあっても，いずれ着るのであれば無駄にはならない。しかし，メニューという商品は，一度にたくさん買っておいて永遠に保管しておくことはできない。人間が1日に食べられるのは，通常3回と限られているのである。

　ランチをどこかの店で食べようとして，飲食店がたくさん乱立する街の中から選ばれなければ，売上につながらないのである。ランチを過ぎた時間まで開店していたところで，時間や環境に制約がある忙しい現代人に来訪してもらえることはない。まさしく飲食店のメニューは保存しておけない商品であり，お客様との出会いはその1回が貴重な機会であり，一期一会なのだといえよう。

　それだけに，選ばれるメニューであることが望まれるとともに，食べた後も印象に残り，また食べたいと思ってもらえるメニューでなくてはならない。そのために，店は常にメニューが陳腐化しないように気を配らなければならない。

　新しい店を開く場合は，全メニューを考えなくてはならない。良いメニューがあれば，お客様が集まり，店としての活気も出る。ま

た，苦戦している店が新メニューを導入することによって，売上が上がることは大いにある。たとえ人気のある繁盛店であっても，新メニューは常に考え続けていく。それは，飲食店にとってメニューが重要なアイテムだからである。

新しいメニューを考える立場では，以下のようなことに気を配る必要がある。

2 飲食店メニュー開発のマーケティング

こだわりのある商品だとしても，お客様が欲している商品でなければ買ってはもらえない。買いたくなるような商品でなければならない。また，お客様が求めているような商品であっても，その商品が作られたことを知ってもらえなければ買われることもない。買いたい，選びたいと思う商品，サービスが何かを探り，買いたくなるような戦略が必要となる。

マーケティングの概念は世界中で多く語られている。お客様に商品やサービスを選んでもらうまでの過程全般の活動をマーケティングという。無理なプロモーションをしなくても，お客様側が自然に買いたくなる商品を作り，自然に商品が売れる状況は理想である。そのためには，お客様が求めているものは何かを探り，ニーズに合った商品を，適切なお客様に向けてアプローチしていくことが大事である。

マーケティング思考とは，まずお客様を知り，お客様の目線にたって物ごとを考える思考といえる。それは，人の立場にたって価値を考え，人の気持ちに寄り添い，相手を理解しようとすることで

ある。飲食店のメニューは，お客様の身体の中に入るものを商品としている。メニュー，サービスという商品を通した人と人とのコミュニケーションビジネスだともいえるだろう。

（1）マーケティングにおける 3C 分析

　誰に，何を，どう伝えるのか，という視点にたってマーケティング戦略を考えるとき，基本的な考え方の1つに「3C 分析」がある。

　3C とは，「市場・顧客」(Customer)，「競合」(Competitor)，「自社」(Company) の頭文字をとった方法論で，この3つのCについて分析する方法のことである。まずは「市場」，つまりお客様が何を求めているか，お客様のニーズを調査して，次に競合他社や競合商品を調査し，そうしたうえで自社の商品の「強み」や「弱み」を見つけていく。3C 分析のマーケティング上の目的は，市場・顧客，自社，競合のそれぞれの分析から KSF（Key Success Factor：成功要因）の発見につなげることである。KSF を導き出すことによって，計画している事業の成功に向けて進むべき方向性が見えてくるようになり，経営戦略がたてやすくなる。

　利点として，他社や外的要因と自社の双方を比較することで，自社の強みや弱みを抽出することができるため，効果的かつ効率的なマーケティング活動に集中しやすくなる。

　このように，市場・競合・自社の3つの観点を再確認したうえで，どのような商品を，どういったお客様に，どのように伝え，どう売れば良いのか，といった戦略を考えていく。

図表 10　顧客・競合・自社の関わり

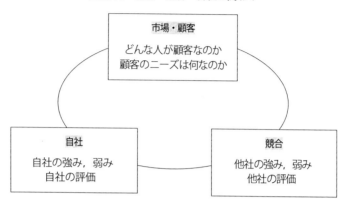

（2）業種・業態

　飲食店のメニューは，店舗の場所，規模，調理の技術，厨房設備，仕入ルート，さらに，経営方針・コンセプト，業種，業態によって変わる。

　業種とは，通例では事業の種類を指し，「日本標準産業分類」によって建設業，製造業，サービス業というように格付けされる。

① 業　種…What

　フードビジネス業において業種という場合は，主に店舗が販売しているメニューの種類，カテゴリーによって区分することをいう。「日本料理店」「西洋料理店」「ラーメン店」などと表現する。すなわち，店舗の説明をする際に「何を売っている店なのか」「何が食べられる店なのか」といった商品に焦点を当てる。

② 業　態…How

　業態とは営業手法の違い，もしくは売り方の形式をいう。飲食店の場合，テイクアウトピザ専門店，ファストフード，ファミリーレストランなどという言い方がその例である。カレーライスを売る店はたくさんあっても，その売り方はさまざまである。業態の違いは，客単価の違いに反映される。1杯のカレーライスの価格が数百円から数千円，数万円となっても何ら不思議ではない。

　飲食店は，業種と業態の双方から分類されるが，一般的に業態という場合は，和食居酒屋，回転寿司店，立ち飲みバーといったように，狭義の業種，業態をまとめて使われることが多い。

③ 業態開発

　業種を横軸，業態を縦軸として，飲食店がどこに位置するのか分布を描き，手薄な領域を見つけてその領域に新店舗を作ることなどを業態開発という。

　図表10は，外食産業の市場規模の推計値であるが，外食産業といってもさまざまな業態があることが理解できるだろう。広義の外食産業には，飲食店以外の業態も多数ある。メニューは，これらのすべてにおいて開発されていく。その業態によって，メニューには特徴があり，客層に合うメニューであることが必要なのである。

　飲食店のメニューには，通常は外食のほか，中食も含まれる。バブル崩壊を契機として，外食に代わり，中食が台頭している。さらに新型コロナによって外食の売上が下がる中，デリバリーやテイクアウトといった中食需要の高まりが注目を浴びることになった。中食の弱み

図表11　令和元年（2019年1〜12月）外食産業市場規模推計値

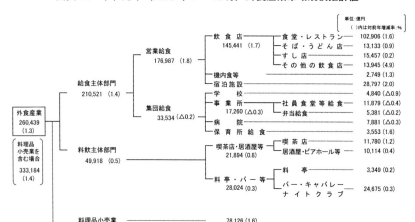

資料：（一社）日本フードサービス協会の推計による。
　1）市場規模推計値には消費税を含む。
　2）外食産業の分類は，「日本標準産業分類（総務省）」（平成14年改訂）に準じ
　　ている。
　3）産業分類の関係から，料理品小売業の中には，スーパー，百貨店等のテナン
　　トとして入店しているものの売上高は含まれるが，総合スーパー，百貨店が
　　直接販売している売上高は含まれない。
　4）四捨五入の関係で合計と内訳の計が一致しない場合がある。

　は，冷めてしまうのではないか，視覚的な美しさに欠けるのではない
か，といった料理のクオリティが保てない可能性が指摘されていた。
しかし近年では，パッケージデザインや技術，調理技術の向上，デリ
バリーの温度調整など多くの改善によって作りたての味を保ちながら
自宅まで届けるデリバリーやテイクアウトが可能になってきている。
今後も持ち帰り惣菜やお弁当のデリバリーなどの需要が期待されると
ころである。

（3）飲食店の業態

　飲食店とは，総務省統計局に倣うと，「客の注文に応じ調理した飲食料品，その他の食料品，アルコールを含む飲料をその場所で飲食させる事業所及び主としてカラオケ，ダンス，ショー，接待サービスなどにより遊興飲食させる事業所」と定義づけられる。また，そのように業態は分類される。なお「その場所での飲食と併せて持ち帰りや配達サービスを行っている事業所も本分類に含まれる」とされており，店内で飲食をしている業態であれば，配達サービスをしていても飲食店となる。具体的な業態は次のように分類される。

（4）飲食店の主な業態

- ・食堂，レストラン（専門料理店を除く），大衆食堂，お好み食堂，学生食堂，めし屋，定食屋，ファミリーレストラン（各種の料理を提供するもの）
- ・日本料理店

　日本料理店，釜めし屋，ふぐ料理店，てんぷら料理店，お茶漬屋，牛丼店，うなぎ料理店，にぎりめし屋，ちゃんこ鍋店，川魚料理店，とんかつ料理店，しゃぶしゃぶ店，精進料理店，郷土料理店，すき焼き店，鳥料理店，沖縄料理店，懐石料理店，かに料理店，割烹料理店

- ・中華料理店

　中華料理店，四川料理店，ラーメン店，上海料理店，台湾料理店，中華そば店，北京料理店，餃子店，広東料理店，ちゃんぽん店，焼肉店

- その他の専門料理店

  料亭，待合，スペイン料理店，タイ料理店，メキシコ料理店，ステーキハウス，海鮮料理店，スパゲティ店，韓国料理店，ピザ専門店，西洋料理店，印度料理店，エスニック料理店，フランス料理店，カレー料理店，無国籍料理店，イタリア料理店，すき焼き店，ジンギスカン料理店，バーベキュー料理店

- そば・うどん店

  そば・うどん店，そば屋，きしめん店，うどん屋，ほうとう店

- すし店

  すし屋，すし店，回転すし店

- 酒場，ビヤホール

  酒場，ビヤホール，ダイニングバー，ろばた焼，大衆酒場，おでん屋，小料理屋，焼鳥屋，もつ焼屋，居酒屋

- バー，キャバレー，ナイトクラブ

  バー，キャバレー，ナイトクラブ，スナックバー

- 喫茶店

  喫茶店，音楽喫茶，カフェ，フルーツパーラー，コーヒーショップ，珈琲店

- ハンバーガー店

- お好み焼・焼きそば・たこ焼店

  お好み焼，焼きそば，もんじゃ焼店，たこ焼店

- 他に分類されない飲食店

  アイスクリーム店，フライドチキン店の飲食店，甘酒屋，サンドイッチ専門店，大福屋，氷水屋，ドライブイン（飲食店であって主たる飲食料品が不明のもの），今川焼屋，汁粉屋，ところ天

　屋，ドーナツ店など

　しかし，現在では，このように明確に分類されにくい業態もあ
る。例えば，パフェやケーキが評判の居酒屋，カフェ業態でありな
がらアルコールを出すカフェバー，ラーメンと餃子の2本柱の店，
ベーカリーを併設したフランス料理店というように，いくつもの業
態が合わさって人気となっている店も少なくない。
　お客様のニーズや生活スタイルなどが多様化し，飲食店の競合も
激しい中，人気の業態が合わさることで個性のある店舗として戦略
をたてることも増えている。
　チェーン展開する店などでは，セントラルキッチンをもつ店が多
い。

① セントラルキッチン
　セントラルキッチン（集中調理施設）とは，チェーン展開するレ
ストランや，多店舗展開する居酒屋など，主に店舗を複数もつレス
トラン，学校，病院などの集団給食，大手ホテルチェーンなど，大
量の料理を常に制作，提供する必要のある外食産業や施設の調理を
一手に引き受ける施設や厨房のことである。主に調理の下処理，一
次加工までを行う。
　外食産業におけるチェーン等のメリットは，各店舗における人件
費のほか経費の削減や労働力の省力化，オペレーションの簡略化で
あり，また，1つの場所でいっせいに作るため，全店舗の品質の均
一化，安定化が図りやすい点である。メニューのクオリティだけで
はなく，サービスに関しても一律化され，価格設定の一元化が可能

となる。例えば，コロッケの成形をして衣をつけた状態で各店舗に配送され，冷凍ののち，必要な分だけフライヤーで揚げてお客様に提供する。この場合，面倒な下準備は不要のため，調理経験が少ない人材でも店舗で作りたての料理を作れることになる。また調理に携わる工程や調理者の人数を減らすことにより，衛生管理が行いやすい面も利点である。

　自社で独自のセントラルキッチンを用意している店も多いが，外注でセントラルキッチンを委託する場合もある。外食産業を対象としたセントラルキッチンでは，消費量が一定ではないため，各販売店に食材が送られた後に保存，調理しやすいように，一度調理した物をレトルトや冷凍の形にまで加工する設備ももっているのが一般的である。

【セントラルキッチンの主な利点】

・店舗内の作業の削減，オペレーションの調整，コスト削減
・調理工程，人材の合理化などによる衛生管理の徹底
・一極集中型の加工による品質管理の有効性

②　サテライトキッチン
　セントラルキッチンから食事の提供を受ける施設のこと。飲食業では各店舗のことをさす。

（5）外食率と外部化率
　高度経済成長に伴い，食の外部化が進み，外食率も増加したが，バブル崩壊以降は，外食率は2018年時点で34兆円規模の産業と

図表12　外食率と食の外部化率の推移

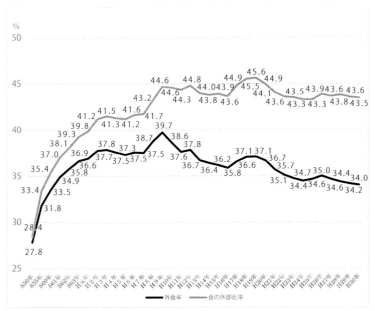

出所：公益財団法人 食の安全・安心財団のデータより。

なっている。そして中食率の増加などにより，外部化率は45兆円前後の高い状態を保持している。外食産業が中食にも参入することで，全体の底上げも図られている。

（6）メニューの3客

　業種，業態，立地条件などさまざまな要件があり，それに基づき期待される客層，客数，客単価が想定されていく。そして，メニューはそのような条件を考慮して利益のあがるメニューとして開発されるのが望ましい。

　店舗の売上は，客数を増やす，もしくは客単価を上げる，この2点で決まっていく。また，客層によっても客数と客単価は変わる。業種，業態，立地と客層がマッチしていなくては，客数を増やし，客単価を上げることは困難になっていく。

　客層，客数，客単価の「3客（筆者造語）」は，相互に関係性をもって店舗の売上にかかわる重要な要素である。

①　客　層

　メニューをつくるにあたり，店舗の立地条件を調査し，主にどんな客層が来店するかを見極めることが必要といえる。店舗の商圏内の人口や年齢層，男女比率，仕事の業種，所得分布，車の通行量，商店街やスーパーマーケットの調査，周辺の商業施設，競合店の数と業種，業態，メニュー構成，客層などの状況を見極めて，主たる客層を絞り込んでいく。そして，その客層にはどういった利用動機

図表 13　3客とメニュー

があるのか，どんな料理を好ましく思うのかを考えていく。

　また，メニューによって新たな客層を引き出す場合もある。

事例　客層を戦略にするメニュー

　主に小学生以下の子どもをもつファミリー層が住む集団住宅が多い地域にある店舗で，ファミリー層向けの料理を意識して提供している。そこに，規模の大きな大学が近くに建った。若者にもアプローチする新メニューを打ち出したところ，学生にも評判の店として人気となった。その上で，今までのファミリー層にはディナー時間に来店しやすいようなメニューでアプローチをし，学生には主にランチ時間とアイドルタイムのアプローチメニューを導入して，時間帯によって主たる客層を変える工夫を試みた。

---

② 客　数

　客数とは，1日，またはモーニング，ランチ，ディナーなどといった決められた一定時間に来店したお客様数のことをいう。1人当たりの客単価が少なかったとしても，客数が多ければ，売上につなげることが可能である。

　ただし，客数を増やすには，お客様の回転率を高くしていくことが基本となる。店舗の席数は決まっているので，増やせる席数には限度がある。1人のお客様の滞在時間が長ければ，客数も増えにくい。こうしたことから，客数の増加が見込める業態は限られてくるといえるだろう。

③　客単価

　1人のお客様がどれだけの飲食代だったかを算出した平均値のことで平均客単価ともいう。お客様全員の売上の総計を客数で割って算出した額となる。お客様が1回の食事でどれぐらいの金額をその店に支払うのが適当と考えているかの目安となる。客単価をいくらに想定するかは，店の売上に深く関わる重要な戦略となる。平均客単価は，1日平均，時間帯別平均，曜日別，月別など一定期間を設けて計算される。その結果を受けて，お客様の利用動機や生活パターンなども垣間見ることができる。さらに，店舗の個性も確認することができる。ランチタイムとディナータイムの客単価が極端に違ったり，ディナータイムの客単価が上がらないなどの場合において対策を考えていく必要があるだろう。

> 考えて
> みよう！
>
> 　客数を増やしやすい業態，増やしにくい業態はどういった業態か。また，その特徴を打破して客数を伸ばす方法はあるのだろうか。

（7）新メニューの留意点

①　時代のトレンド，傾向を見ているか

　トレンドは追いかけなくてはならないわけではない。あえてレトロな雰囲気を醸し出すことで，お客様から懐かしく思ってもらって売上が上がることもある。しかし，消費者の食の傾向や嗜好，食べ方の傾向，ニーズなどを捉えていなければ，「当店は，あえてレトロなメニューで勝負する」という判断すらできないのである。

② 立地・客層にあっているか

　ファミリー層が多く住む地域と，ビジネスパーソンが多いオフィス街では，形態も価格帯もメニュー内容も異なるのである。

③ 適切な価格設定のメニューになっているか

　食材の原価率，人件費率を考慮して，価格設定はされていく。また，お客様にとって価値のある価格であるのかも踏まえて開発される。

④ 円滑なオペレーションを維持できるか

　均一なサービスを提供するための店舗運営の仕組みのことであるが，実務上は厨房とフロアスタッフが連携をとって，お客様に商品やサービスを提供する一連の流れを称する。

　厨房がうまく流れていても，フロアが間に合っていなければ，料理がカウンターにたまっていくことになりかねない。いっぽうで，厨房のオペレーションが回らず，料理を作るのに手間取ってしまったら，「料理はまだなのか」とクレームを受けるのはフロアになってしまう。

⑤ 食材の安定供給が可能か

　飲食店では，開発されたメニューはグランドメニューであれば常に存在し，同じ味を保っていなければならない。どこからどう仕入れるのか，メニューを作る上で，まず確認，検討，また時には新規の仕入れ先を検討しなくてはならない。

⑥　視覚に訴える盛り付けや色彩になっているか

　文字だけのメニューブックもあるが，写真や絵などビジュアルで表記しているメニューや看板，チラシなどを出す店も多い。視覚的に「食べたい」と思わせる「見た目」は大事である。

⑦　健康を意識しているか

　どのような時代になっても，人びとの健康への願いは普遍である。その普遍的なニーズを考慮してメニューを考えて損はない。

（8）飲食店のメニュー開発における基本的流れ

① 店舗の要望確認

　この最初の段階が，メニュー開発に大いに関わる部分である。店舗コンセプトやオーナーのこだわり，店への想いを確認する。すでに営業している店舗の場合は，客層や仕入れルート，売上状況など既存の店の情報を把握しておく。

② 業態別調査

　立地確認，競合店，顧客層等の確認。

③ コンセプト計画

　コンセプト計画は，最初の時点で行う場合もある。

④ 調理環境確認

　厨房システム，人員，調理技術。

⑤　仕入れルートの開拓

　既存の仕入れルートの中で仕入れる場合と，新たにルートを開拓する場合の双方がある。

⑥　原価率，売価の設定

　原価率を算出して，売上予測，売上目標をつける。

⑦　メニューの開発

　単品なのか，セットメニューなのか，グランドメニューか，時間帯メニューか，季節限定メニューかなど扱うメニューの特性に応じた開発を心がけていく。

⑧　レシピ製作

　材料，分量，調理手順を記したレシピを作成する。

⑨　メニュー提供

　クライアントにメニューを提供する。プレゼンテーションが伴う場合もある。

⑩　試食会

　試食会で修正が必要になる場合もある。その場合は修正して次回の試食会へつなぐ。または，レシピに基づき店舗の調理担当者に試作をしてもらい，意見交換を行う。試食会を行う回数は，店舗と開発者の双方の環境や方針に応じて異なる。

⑪　販　売

すべての工程にメニュー開発者が携わるとは限らない。店舗によっては、レシピ作成で終了する場合、レシピがない場合もある。また、立地調査などは行わない可能性もある。

(9) コンセプト計画

他店のメニューとの差別化を打ち出し、主たる客層の購買を促すメニューにするためには、明確なコンセプトの策定が必要となる。お客様に理解され共鳴されるコンセプトであれば、価格が高くてもお客様に選ばれることがある。

メニューのコンセプトは、モノを売るのではなく、メニューにストーリーを加え、コトを売ることに変えることである。メニューコンセプトとは、「メニューの柱」といっても過言ではないのである。また、メニューコンセプトは、店舗のコンセプトとかい離してはならない。店舗のコンセプトには、経営者の方針、考え方が反映されている。そのため、メニューコンセプトは、店舗のコンセプトを反映させ、経営方針を反映させているのである。お客様は、店舗コンセプトとメニューコンセプトの両面において共通点を見出し、共感して来店するのが基本である。店舗のコンセプトに共感して来店したにも関わらず、店舗内のメニューのコンセプトに不一致が生じていたら、大抵の客は落胆すると考えられる。いっぽうで、店舗のコンセプトとメニューのコンセプトが共通していれば、お客様の満足度も高まる確率が高い。メニューを開発する前に、店舗のコンセプトがあるのか、あればどういうコンセプトで、なぜそのコンセプトを掲げているのか、把握しておくことが肝心である。

図表14

> **事例　店舗コンセプトをとらえたメニュー**
>
> 　店舗コンセプトが「野菜をたっぷり使い，お客様の健康を応援する店」だとする。
>
> 　新メニューのハンバーグをこの店で売る。どんなハンバーグだったら，店舗コンセプトに合うだろうか。
>
> 　「提携農家の玉ねぎたっぷりハンバーグ」
>
> 　「朝摘みトマトの自家製ソースハンバーグ」
>
> 　などであれば，店舗コンセプトとの乖離はない。
>
> 　店舗コンセプトが「お客様の健康を応援する店」だとする。そうした場合，新メニューのハンバーグは，絞り込みにくい。健康という概念やイメージは各人によって異なるからである。
>
> 　例えば前述の2つのハンバーグも例外ではないが，ほかにも
>
> 　「コラーゲン入りハンバーグ」
>
> 　「軟骨入り鶏モモ肉のハンバーグ」
>
> 　「豆腐ハンバーグ」
>
> 　「10種類の野菜入り煮込みハンバーグ」
>
> 　「疲れた人へ　黒豚ハンバーグ」
>
> 　など，「健康」の方向性はさまざまになる。こうしたハンバーグ

の個性が，主たる客層に響くかどうかをあらかじめ吟味してからメニューを決めることが望ましい。「お客様の健康」の「お客様」が男性なのか女性なのかによっても「健康」のイメージは異なるからである。客層をイメージしてメニューコンセプトを作り，コンセプトに基づきメニューを作成していくことで，お客様から共感を得やすくなる。

（10）仕入れルートの開拓

① 商材の仕入れルート

　食材や調味料など，メニューを作るにあたり必要な材料の仕入れにはいくつかのルートがある。さまざまな環境要因によって，仕入れルートは使い分けられている。その環境要因には，飲食店の容量・キャパシティ，立地や商圏範囲，業種・業態などのほか，飲食店の経営方針などコンセプトに関係することも少なくない。また，厨房で実際に調理をする人材が，仕入れた食材を上手に活かしきる調理技術や経験をもっているかどうかによっても仕入れルートは変わる。調理経験が少ないアルバイトが厨房に入っている飲食店においては，食材を仕入れるのではなく，ある程度，調理された半調理済み食品を購入することもある。例えば，「ポテトコロッケ」というメニューを作るとして，素材にこだわりをもつコンセプトのメニューの場合は，ジャガイモの仕入れルートを確立するところから開発に関わるケースもある。農家から直接仕入れることもあるだろう。いっぽうで，チェーン展開している居酒屋などでは，成形され衣がついたコロッケを仕入れて，各店舗で揚げるメニューになることも少なくない。その場合は，各店舗に行く前のコロッケの配合を

考案する，もしくはコロッケは変えずにソースだけを開発する，ということもある。仕入れるコロッケは，店舗で提携している業務用の仕入れルートを使用したり，大手チェーンではすべての店舗で使うコロッケを自前のセントラルキッチンで作り，各店舗へ展開することもある。

　人材の調理技術のほか，店舗の広さや客数，店舗数などによってルートは異なる。大量仕入れが可能な店舗の場合は，まとめて仕入れることで仕入れ価格を安価にできるケースもある。そのいっぽうで，個人店舗の場合は，調理する人間が直接スーパーマーケットや市場へ出向いて食材を仕入れることもある。

② 　主な商材仕入れルートの例

●メーカー

　直接仕入れられる商品をもっているメーカーが多くある。メーカーが作った商品であれば，その使い道などを熟知しており安心して仕入れられる。

●生産者

　規格外で一般の流通にのらない農作物などを購入する場合，農家へ直接出向いて交渉し，仕入れる場合もある。また，専門のネット販売ルートを使うことで，飲食店と直接取引をしている農家との接点も増える。新鮮な野菜をお客様に提供できること，直接仕入れのため安心を得やすく，廃棄となりえる規格外の食材を使うことで食品ロスを防ぐことにもなる。また，直接に農家に足を運び，自分の目で見て仕入れの交渉を成立させれば，安価で仕入れられる可能性が高い。

●卸業者

近年，少量でも配送する業者が多数ある。通年で安定供給できるため，1年を通したグランドメニューなどを開発する際に向いているといえる。ネットやメール，ファックス，電話など利用法はさまざまだが，宅配サービスによって直接出向いて買い出しをする必要がないため利便性が高い。

●業務用スーパー

小売店に比べて安価で仕入れられるメリットがある。ネット販売，対面販売の双方ある。料理の食材にとどまらず，各種備品類なども揃えている総合スーパーも多い。

●小売店

個人店舗のメニュー開発では，安価な小売店から購入している場合もある。店と親しくなれば，安価で販売してくれる場合もありえる。さらに，少量対応するため食材に無駄はないが，価格をいかに抑えるかも課題となる。また，メニュー開発をするにあたり，試作では小売店で購入した食材の中から仕入れることもあるだろう。家庭料理のメニューを考案する場合には，家庭で購入可能な小売店で売っている食材や調味料を用いて作るため，小売店が必要となる。

●市　場

魚介類を買うために，毎日，シェフ自ら市場に足を運ぶ店もある。外部の依頼を受けたメニュー開発者が，市場に出向いて購入するケースは多くないが，店のコンセプトや宣伝要素の1つとして意識して利用することは求められる。

●食品イベント

食品関連の商談イベントは，通年にわたり頻繁に行われている。メニュー開発をする人材が，自身の目で確かめて交渉にあたることもできる。新商品や珍しい商品が見つかる可能性もある。出展しているメーカーのこだわりや商品の特徴など詳しく知ることができる。少量では取引しないメーカーや，直接販売はしないメーカーもあるため，相談しながら購入するかどうかを決めていく。

③　売価の設定

お客様が飲食店の評価をするうえで重要なのは，「価値のある料理」を食べさせる店であるかどうかである。このときの「料理の価値」は，お客様によって異なるが，価値のある味とその価値に見合った価格の両面から構成されることは確かである。

飲食店にはその店舗の営業コンセプトがあり，そのコンセプトに基づいて主たる客層が定められていく。そして，そのコンセプトに基づいて商品（メニュー）のコンセプトも策定されている。店舗のコンセプトや営業コンセプトとメニューのコンセプトが違っていれば，当然のようにお客様は「価値のある料理」とは思わず，商品（メニュー）を購入する気持ちになりにくい。

商品（メニュー）コンセプトを策定する際には，その店舗の平均客単価と商品価格のプライスゾーンが設定されているものである。そのゾーンに基づいて，メニュー構成が作られ価格も決められていくのである。お客様は事前に抱いた予算と実際の価格を比較しながら，店を評価するのである。

④ 習慣価格に基づくメニュー価格

　お客様が買いたいと思う価格は，どのように決められているのだろうか。私たちが買い求める商品には「習慣価格」がある。習慣価格とは，日常の生活において習慣的に利用している商品価格のことである。例えばペットボトルの水は，350ml 程度で 100 円前後で習慣的に購入されている。

　このように，お客様は 1 人ひとりの習慣価格をもっているため，飲食店のコーヒー 1 杯を 500 円までの価格で習慣的に利用しているお客様は，1,000 円のコーヒーを出す店には行きにくい。また，店に行くとしても「人気店のコーヒーなので一度行ってみた」ということはあっても，日常化したリピーターにはなりにくいと想定される。いっぽうで，安ければよいというものではない。お客様にはそれぞれの「値ごろ感」というものがあるため，もしもコーヒー 1 杯の価格が 90 円という 100 円を割った店があれば，「品質があまり良くないのではないか」，「おいしくないのではないか」と感じてしまう。つまり，お客様が想定している商品（メニュー）の習慣価格と大幅な違いがある場合は，「高すぎる商品」「低すぎる商品」と判断してしまい，商品の売上は上がりにくいのである。

　そのため，売価を決める場合は，想定する主たる客層や，実際に店舗に訪れている客層の値ごろ感をよく見極め，店のコンセプトに合ったメニューを構築していく。

⑤ 飲食店のプライスゾーン
●プライスポイント
　メニューの価格を決めるために，プライスポイントを確認する。

プライスポイントとは，店舗にある商品（メニュー）の中で最も売れている，売れ筋商品の価格のことであり「値ごろ」ともいう。店舗には価格が高い商品も安い商品もあるが，その中で一番，お客様が選んでいる商品の価格がプライスポイントとなる。

●プライスゾーン

売れている商品の価格帯の幅のことである。その店舗の最安値の商品の価格と最高値の商品の価格の幅をプライスゾーンという。プライスゾーンの振り幅があまりに大きすぎると，主たる客層が定まらず，その店舗の位置づけがわかりにくくなる。また，競合店もつかみにくい。

●プライスライン

プライスラインとは，プライスゾーンにおける1つの価格のことであり，価格そのものをさす。例えば，カレーライスが3種類あり，仮に1,000円，2,000円，3,000円だとする。これらの価格がプライスラインとなる。店舗は，それぞれ主力になるメニューにプライスポイントを設定し，消費者が最も買いやすい価格を設定する。主力プライスラインの高低に補助となるプライスラインを設定し，主力プライスラインに満足しないお客様の需要を満たす役割をもつ。前述のカレーライスの場合，主力プライスを2,000円としたならば，2,000円に値ごろ感をもたないお客様のために，1,000円，3,000円のプライスラインを設けておく。プライスゾーンにプライスラインを設定しすぎると，お客様が混乱する可能性が高くなる。

●プライスレンジ

　店舗の中で商品の種類が最も多い価格帯のことである。プライ
　スレンジによって店舗のおおよその価格帯がわかる。

　このようなプライスポイントは，自分の店舗がどのような立ち位
置なのかを把握する上で役立つ指標といえる。メニューの価格を決
めるうえでも有効である。どのように考えていくのか，下記の事例
でみてみよう。

事例　プライスゾーンの考え方

　コーヒーを主力商品とするカフェを運営するにあたり，価格を決める。

・カフェ業界のプライスゾーンは何円から何円までなのか

・自分のお店はカフェ業界の中で，どの程度の位置にあるのか

を把握するために，プライスゾーンをさらに価格帯に分ける。

> プライスゾーン分類
> 　超超高価格帯（スーパープライスゾーン）
> 　超高価格帯（プレスティッジ・ベストプライスゾーン）
> 　高価格帯（ベタープライスゾーン）
> 　中価格帯（モデレートプライスゾーン）
> 　低価格帯（ポピュラープライスゾーン）

主力になるコーヒー１杯の売価を下記のように想定する。

超超高価格帯（スーパープライスゾーン）：1,500円～

超高価格帯（プレスティッジ・ベストプライスゾーン）：1,000円～

1,500円

高価格帯（ベタープライスゾーン）：600円〜1,000円

中価格帯（モデレートプライスゾーン）：300円〜600円

低価格帯（ポピュラープライスゾーン）：〜300円

　この中で，自分が経営するカフェはどの価格帯のコーヒーを提供しているのか，また，どの価格帯の店を目指すのかを考える。仮に，ベタープライスゾーンを中心に売る店を目指すのであれば，

- ✓　商品力の充実
- ✓　店の雰囲気づくり
- ✓　販売促進戦略をうつ
- ✓　プライスの価値がわかるストーリーをつくる
- ✓　仕入れルートの再考
- ✓　サービスのクオリティ

といった要素を再確認して，バランスよく店舗のブランド力を高める必要があるだろう。

　通常はモデレートプライスゾーンとポピュラープライスゾーンの2つに力を入れて，店舗のメニュー戦略を考える。お客様が最も買い求めやすいゾーン2つを把握するのである。

　このようにプライスポイントを考えることで，お客様がその店の料理を選びやすく，価値を見出しやすい状況をつくることが可能になる。また，売上アップや在庫の削減などにもつながるのである。

⑥　プライスゾーン別業態

　それぞれにプライスゾーンに適応する業態がある。目安は以下の通りである。

図表 15

プライスゾーン	主たる業態例
スーパープライスゾーン	高級飲食店，老舗料亭，ホテル内メインダイニング
プレスティッジ・ベストプライスゾーン	ディナーハウス，ラウンジ，バー，割烹料理店，鉄板焼き店
ベタープライスゾーン	居酒屋，寿司屋，テーマレストラン，カフェバー，焼肉店
モデレートプライスゾーン	一般レストラン，カフェレストラン，大衆居酒屋，パスタ店，ハンバーグ店
ポピュラープライスゾーン	ファーストフード，麺専門店，大衆食堂，カジュアルファミレス

⑦　経営体質

　飲食店の費用は，固定費と変動費に分類される。固定費とは，売上に関わらず発生する固定化した費用のことである。変動費とは，売上に応じて発生し変動する費用のことである。変動費には，原材料費，人件費，諸経費が含まれる。売上に対する変動費の割合は，飲食店の「経営体質」を示すと言われ，変動費を低く抑えることは，経営体質の強化につながる。

　端的にいえば，

●売上高…売上が上がるメニュー

●原材料費…低原価なメニュー

●人件費…合理化したメニュー

●諸経費…合理化したメニュー

　このようなメニューを開発すれば儲けは多くなる。しかし，飲食店の儲けはそれだけではなく，むしろこのような原則通りとはいかないことが多い。なぜならば，お客様の満足度を度外視しては，店舗の成功はあり得ないからである。

⑧　経営体質をもとにしたメニュー売価

　メニューの売価は，前述の立地や客層などの要素をバランス良く考えて，値ごろ感のある価格を設定していく。また，その店舗の経営体質を見て，メニューにかける費用を算出することでも売価は変動していく。メニュー全体における食材構成や仕入れ価格，売価，分量，メニューレシピによって影響を受ける。

　店舗経営におけるすべての経費の中で，原材料費をコントロールするメニュー開発が，店の経営に深く関わることはいうまでもない。原価率が低く，調理に関わる人件費を削減し，調理工程を簡略化して時間と手間を極力合理化すれば，利益は上がる。しかし，それでお客様が満足するメニューになるとはいえない。経費を削減した結果，客足が遠のいた事例は後を絶たないのが現実である。どの部分を合理化し，削減するべきなのか，どの部分は妥協しない方が良いのか，譲ってはいけないのか，その店舗の経営体質を見極めて考えていくことが大切である。

事例　成功事例

　ある店舗の成功事例である。調理人のクオリティを高め，調理の人件費と原価率を上げながら売価を相場よりも安くしたが，その補てんとして回転率を上げて成功した。オペレーションを合理化し，サービスが悪い印象を与えずにフロアサービスにかける人件費を削減することで，調理の人件費を補てんできた。さらに提供する料理にはオリジナリティがあり，完成したクオリティが高いにもかかわらず安価のため，お客様の満足度が高く，リピーターと新規顧客獲得につながった。

事例　教訓事例

　ある店舗の事例である。いくつかあるメニューのうち，客足を伸ばす目的で利益度外視の安価メニューを作成した。最も利益率の低いメニューであるが，そのメニューがお客様に評判となり，ほとんどのお客様がそのメニューを注文して，行列ができるほど満席で賑わっていた。しかし，そのほかの運営に関わる経費がかさみ，店舗を閉じてリニューアルせざるをえなくなった。

　この事例は，業態の見極めを誤ったことも要因にある。利益率の低いメニュー以外の料理やアルコール，セットメニュー，コースメニューなどの注文にいたらないお客様が，店舗が想定した人数よりはるかに多かったのである。一品のみで終わることが多い業態の場合は，お客様の平均客単価を上げるようなメニュー構成や販売促進が大切となる。

　飲食店のメニューは，メニューだけではないさまざまな要素を総合して開発され，売価も策定される。しかしながら，店舗の経営体質や経費などを考慮せず，売価想定をしない単純なメニュー開発の仕事も少なくない。原価率の計算までしないクライアントからの依頼もある。メニュー開発の業務の幅は広いので，臨機応変な対応が必要である。

⑨　原価率と売価

　飲食店のメニューにおける原価とは，そのメニューに使用する食材や調味料などの原材料費のことをいう。また，原価率とは売上に対して，原価が占める割合のことをいう。メニューを作るのにかかった原材料費が売価に対してどれほどの割合になっているかを示している。

　原価率は，次のように算出する。

原価率の計算方法
　売上原価 ÷ 売上高 × 100 ＝ 売上原価率

原価率と売価の関係
　原価 ÷ 原価率 ＝ 売価
　原材料費 ÷ 売価 × 100 ＝ 原価率

　例えば，スパゲッティカルボナーラの売価が 950 円，原材料が 200 円の場合の原価率は，原材料費 200 円 ÷ 950 円 × 100 ＝ 21％ となる。

　飲食店の場合は，一食の原価率だけでなく，1 日，1 週間，1 か月などある一定の期間における原価率で考える場合がある。1 日の売上に対する原価率を算出する場合は次のようになる。

⑩　1 日の売上に対する原価率

　売価 950 円，原価 200 円のスパゲッティカルボナーラが 1 日で 25 皿出た場合の原価率は，下記のとおりである。

　売上原価…　200 円 × 25 皿 = 5,000 円

　売上高…　950 円 × 25 皿 = 23,750 円

　売上原価 ÷ 売上高 × 100 = 原価率であるから，

　売上原価 5,000 円 ÷ 売上高 23,750 円 × 100 = 約 21%

　原価率は 21%（切り捨て）となる。

⑪　売価を先に決めてから，原価を策定する場合

　メニュー開発においては，競合他社や市場の相場，主たる客層などから売価を先に決めておき，希望原価率を作り，原価を割り出す方法も用いられる。かけられる原価を算出することにより，仕入れる食材の目途を検討していく。

原材料費の算出
　売値 × 原価率 = 原材料費

事例　材料費の算出

　4,500 円の洋食ランチコースを売るとする。原価率を 35% 以下にしたい場合，

　4,500 円 × 0.35 = 1,575 円

　となり，1,575 円までを原材料費として使用することが可能となる。

　　　　　　　　　　原価は変動する。原価が変動しにくく，安定した
　　　　　　　メニューにはどんなメニューがあるだろうか。
考えて　　　　原価率が安くても，お客様に満足してもらえるメ
みよう！　　　ニューとはどんなメニューになるのだろうか。

　飲食店を営業している場合，仕入れた原材料がすべてなくなると
は限らない。むしろ残るため，次の月へ持ち越すことが多いといえ
る。そこで，その日1日の原価率だけでなく，月をまたいで原価率
を算出することが必要となる。月をまたいで，先に仕入れた商品か
ら順番に払い出していく（売り上げる）と仮定して原価率を出す計
算方法を「先入先出法」という。前月の繰越し原材料費に当月仕入
れた原材料費を合わせ，当月に使わずに翌月へ繰り越した分を差し
引くことで，売上原価を算出する。その売上原価を売上高で割り，
当月使用分における売上原価率を導き出す。

前月の繰越し分と翌月への繰越し分を取り入れた原価率の算出
　前月繰越＋当月仕入－翌月繰越＝売上原価
　売上原価÷売上高×100＝売上原価率

　前月余った原材料費が5万円，当月仕入を40万円行い，翌月へ
繰り越す材料費が10万円だったとする。売上が100万円であれば，
　売上原価…40 ＋ 5 － 10 ＝ 35（万円）
　原 価 率…35 ÷ 100 × 100 ＝ 35％となる。

⑫　歩留まり

　飲食店経営においては，仕入れた原材料がすべて食材として使えるとは限らない。例えば，牛肉を買えば，メニューに使用しない脂身や筋の部位が出る。野菜を仕入れたとしても，野菜の皮や根菜の根に近い部分は使用しない場合もある，などである。端的にいえば，食材として使用できる部分の割合を算出することで，より確実な原価の把握，原価率の算出が可能となる。このような「食材として使える部分の割合」を歩留まりという。歩留まり率が低ければ，売上を上げても，利益が伸びないという結果になってしまうのである。

⑬　FL コスト

　FL コストというのは，Food（食材）のコスト＝原材料費とLabor（人材）のコスト＝人件費のことをいう。外食においては，飲食店舗の「料理」という商品の価格には，食材の仕入れ値のほか，商品に関わる人件費も含めて算出されている。人件費と原材料費の両方で計算することにより，利益がどのぐらいなのかを確認するのに役立つ。

　Food（食材）のコスト＝原材料費

　Labor（人材）のコスト＝人件費

　FL 比率は次のように計算する。例えば，総売上高が 500 万円，原材料費，人件費の合計が 275 万円だとする。この場合の FL 比率は，275 万円 ÷ 500 万円 ＝ 55％となる。

$$\boxed{\text{FL 比率}　=　（原材料費 + 人件費）÷ 総売上高}$$

　FL 比率が低いほうが店舗利益は高いことになる。指標の目安として，多少の差異はあるが，一般的に

　FL 比率 50％以下　超優良店舗とすると，

　FL 比率 50％〜55％　優良店舗

　FL 比率 55％〜60％　平均的店舗

　FL 比率 60％〜65％　苦戦する店舗

　FL 比率 65％以上　経営の見直しが必要な店舗

　とされる。FL コストが高い場合には，食材のロス，廃棄，スタッフ数などの見直しが必要ということがわかる。

⑭　損益分岐点

　飲食店を経営するためには，売上と経費のバランスをとることが求められる。そこで，売上と経費の総額が同じであるときの（収支トントン）売上高の分岐点を定めて，その分岐点に向けて毎月の売上目標を立てたり，経費を調整するなどの戦略を練る。その売上高の分岐点を損益分岐点という。損益分岐点を超えて，売上が経費を上回ると利益が出る黒字となり，損益分岐点を下回ると損失が出る赤字ということになる。損益分岐点売上高を把握することによって，損失を出さないために最低限いくら売上を上げなくてはならないのかを知ることができる。売上目標の目安となる。

【損益分岐点の計算】

$$損益分岐点売上高 = \frac{固定費}{1 - (変動費 \div 売上高)}$$

$$損益分岐点売上高 = \frac{固定費}{限界利益率}$$

$$限界利益 = 売上高 - 変動費$$
$$= 固定費 + 利益$$

　固定費とは，売上に関わらず，常に一定額かかる費用のことである。例えば，お客様が入っても入らなくても電器はつけているし，借りている駐車場の代金は払わなくてはならない。

　いっぽう変動費は，売上に連動して変動する費用をいう。例えば，牛丼屋で牛丼の注文が入れば，材料を使い，容器やナプキンが必要となる。

　人件費は，社員の場合は，月額の給料として決まっているが，アルバイトやパートに関しては，繁忙期や繁忙の時間帯には人数を増やすなどの変動がある。

　また，交通費も同様で，社員の場合は固定となるが，アルバイトやパートに関しては月額で，固定であるとは限らない。

⑮　限界利益額

　限界利益とは，事業を存続できる見込みがあるか否か，を判断するための指標で，売上から変動費を引いたときに残る利益をいう。売上を上げるためには変動費がかかるが，変動費がたとえかかったとしてもその料理を出すことで利益が残るのかどうか，を検討する

には限界利益が参考になる。また，限界利益率は，売上高に対する限界利益の割合のことをさし，売上高の増減に伴う店の利益の増減そのものとなる。

限界利益額は，売上－変動費で算出する。例えば，3,000円の料理の原価が1,000円だとする。さらに，その料理には，紙ナプキン5円，ウェットティッシュ50円がかかるとする。

そうすると，3,000円のコースが注文されるたびに1,055円がかかることになる。これが変動費となる。すなわち，

限界利益は，3,000円 － 1,055円 ＝ 1,945円となる。

店舗とすれば，原価率が低く，利益率の良いメニューが多く売れることが望ましいのだが，それだけではなく，たとえ原価率が高く利益率が低いメニューだとしても，目立つメニューやお客様の口コミで評判になるようなメニューをつくることによって，客数が増え，総売上が上がることもある。メニューを開発する際には，「新規顧客を獲得するためのメニュー」なのか，「底上げのためのメニュー」なのか，「客単価を上げるためのメニュー」なのか，どの目的のメニューなのかを見極めることが肝要となる。

図表 16　経費の区分

経　　費	固定費	変動費
売上原価		○
人件費（社員）	○	
人件費（アルバイト等）		○
諸経費（水道光熱費）		○
賃借料（家賃，駐車場）	○	
減価償却費	○	
交通費	○	○
福利厚生費	○	
支払い金利	○	

（11）時間帯別メニューの区分

　メニューの種類については，Chapter 4 で述べたが，飲食店にお
ける時間帯メニューの区分についてふれておく。人間が1日に食べ
る回数には限りがある。基本的には1日3回前後と考えるならば，
飲食店はその限られた回数の中で選ばれる店となり，顧客に満足と
感動を与えなくてはならない。そのため，時間帯別メニューをつく
り，朝，昼，晩といった時間枠の中で個性を活かし，次回につなげ
る努力をしている。

① 時間帯別メニュー

　飲食店には，終日同じメニューを提供する店と，時間帯によって

メニューを変える店がある。時間帯によってメニューを変える意図は何なのだろうか。

　まずは店舗の主旨，意向を捉えることである。同時に，お客様が「なぜその時間帯に来るのか」来訪の動機を考えることが大切である。その両面から，時間帯におけるお客様の利用動機に合ったメニューを提供することにより，客数，来訪回数を上げることが可能となる。ここで言う来訪回数とは，利用頻度を示す。すなわち，モーニングにA店を利用してテイクアウトをしたお客様が，ランチにも来訪されるなどの利用方法が可能なのである。もしも時間帯別メニューに分けずに，1日を通して同じメニューを提供している場合は，モーニングに訪れて，さらにランチ時間にも来訪することは少ないだろう。新たなメニューに出会うことで，お客様は新鮮な印象をもつことができ，利用頻度が高まる可能性がある。

　いっぽう，時間帯別メニューをもっている店の場合，お客様にとって食べたいメニューがランチ時間限定であれば，提供される時間内に来訪しなくてはならない。ランチ時間を逃してしまったお客様は，そのメニューを目当てにしている場合は，来訪の機会が翌日以降に持ち越されてしまう可能性もある。そのため，時間帯別メニューによってメニュー構成に違いを出す場合と，終日同じメニューを出す場合では，それぞれに利点，欠点があるといえる。

考えて
みよう！

　　時間帯別メニューを出す利点，欠点はそのほかに
何があるのだろうか。

飲食店の時間帯別メニューは以下のように分類される。

図表 17　時間帯別メニュー区分

時間帯別メニュー	時間枠目安	備　考
モーニングメニュー	～ 10：30	
ブランチメニュー	11：00 ～ 12：30	モーニングとランチをひとつにまとめる場合もある。
ランチメニュー	11：30 ～ 14：00	
アイドルタイムメニュー	14：30 ～ 16：30	ランチとディナーの間休憩する店もある。
ディナーメニュー	17：00 ～ 22：00	
深夜メニュー	22：00 ～	

＊時間枠はおおよその目安

② 時間帯別メニューの利用動機・構築

●モーニングメニュー

健康志向の高まりや，生活習慣の見直し，自分の時間の確保，などさまざまな理由から，朝の時間を有効活用して1日を有意義に過ごすことがブームとなっている。ジムでトレーニングしてから出勤する人，ヨガ教室で瞑想をしてから出勤する人，また，夜の残業を減らして，その時間を朝に当てる生活など，その使い道はさまざまである。「朝ごはんをきちんと食べる生活習慣でありたい」と願うニーズもあることから，栄養バランスのとれたモーニングメニューを利用する動機もある。

また，出勤前の忙しい時間，自宅で朝食を食べる余裕がなかっ

たとして，外食でサクッと済ませるニーズや，テイクアウトを
して職場で食べるニーズなども存在する。

さらに，明け方まで働いた後，朝食を食べてから帰宅して，そ
こから睡眠をとる人など，モーニングメニューを利用する動機
もさまざまである。いずれにしても，店としてはできる限り利
用頻度を高めたいことから，モーニングメニューは毎日でも通
えるような価格設定で，飽きないメニューであることが求めら
れる。

モーニングメニューは，どういった立地でニーズがあるだろう
か。やはりビジネス街や駅前などの需要が高いだろう。閑静な
住宅街ではモーニングメニューに力を注いでも，客数が伸びる
かどうかは未知数になってしまう。

モーニングメニューはセットメニューであることが多い。それ
は，限られた忙しい時間で，待ち時間なくすぐに食べられるこ
とが求められるからである。また，選択肢があり過ぎても注文
に迷うので，時間をとられてしまう。セットを数点出すこと
で，選ぶ楽しさを残しつつ，さらに栄養バランスもとりやすく
なる。

●ブランチメニュー

ブランチとは，昼食を兼ねた遅い朝食の意味である。ブランチ
メニューを提供する店は，それだけで店としての特徴を打ち出
しているといえる。休日に遅い朝食をゆっくりと食べたいとい
うニーズにこたえている。また，平日であっても，生活様式の
多様化に伴い，時差出勤の人や，時間枠にとらわれない仕事の

人など利用動機はある。さらに，多忙な人の昼食の代わりとして，利用されることもある。ランチメニューよりは少し軽めで，モーニングメニューよりは品数が多くボリュームがあるメニューが特徴である。

●ランチメニュー

ランチメニューには，さまざまな利用動機が存在する。ビジネスパーソンであれば，短いランチタイムの中で食べ終えて，化粧室で身支度を整えて職場へもどらなければならないため，早く提供できるメニューであることが求められる。また，安価と思える価格設定もニーズが高い。いっぽうで，主に女性客が，友人同士でランチタイムをゆっくりと楽しむこともある。また，仕事の合間に1人で食べることも少なくない。

店側としては，ランチタイムに食べたお客様がディナーにも来訪するよう誘導する時間枠であることが多い。そのため，ランチメニューには自信のある看板メニューを盛り込むこともある。

●アイドルタイムメニュー

アイドルタイムは，最も客足が遠のく時間帯だといわれていた。しかし，現在では，この時間帯を有効活用するべくメニューを出す店も多い。さらに，アイドルタイムではなく，ティータイムメニューとして，お茶のスイーツのセットや，ボリューム感のあるスイーツやサンドイッチなどを提供して，ランチ時間にランチを食べることができなかったお客様に対して

サービス提供をしている場合もある。生活様式が多様化しているため，今後もアイドルタイムのメニューは発展する可能性があるだろう。

●ディナーメニュー

ランチメニューよりも選択肢が広くなる。ボリュームも多くなり，アルコールドリンクに合うメニューなども増えていく。ゆったりと食べたいニーズや，1日の疲れを取りたいニーズ，はたまたサッと気分を変えるために夕食を外食にあてる場合もある。

●深夜メニュー

バブルの頃は，ディナータイムに1次会をして，店を替えて2次会，3次会など，日常でもはしご酒をするビジネスパーソンが多かった。しかし近年では，そのような使い方ではなく，生活様式の変化に対応して，深夜に営業する店もある。深夜に1人で気楽に食べられる店へのニーズや，手軽な夜食へのニーズなどもある。

深夜の時間帯には業態を変えている店もある。例えば，普段は喫茶店なのだが，深夜だけラーメン屋になる店など，店主の想いや長年の夢を深夜に実現するようなこともあるのである。深夜メニューでは，素早く食べやすいメニューが求められることが多いといえる。深夜メニューは，立地によって高い売上が期待できる。

Chapter**6**　中食のメニュー開発

1　中食の概念

（1）日本の中食の概念

　中食は主に「持ち帰ってそのままの状態で，すぐ食べられる食品」であり，「持ち帰った状態で，すでに調理が完成されている食品」のことを指している。保存性の高い加工品は少なく，主には「日持ちのしない食品」のことが多い。電子レンジなどで加熱して食べることもあるが，よりおいしく食べるための工夫であり，加熱しなくては食事ができないというものではない。

　例えばスーパーマーケットやデパ地下，惣菜専門店，仕出し弁当店，などで販売されている惣菜である。コンビニエンスストアで販売されているものとしては，弁当やおにぎり，サンドイッチ，各種惣菜類などがある。

　「中食」という用語の範囲には，従来「仕出し」や「出前」と呼ばれていたものも含まれている。コンビニエンスストアの弁当やデパ地下惣菜が多種多様になる以前は，日本の中食は仕出しや出前が主流であった。仕出しや出前は，基本的には家や別の建物内にいて，注文すると，その建物に食品が届く流れである。いっぽう，現代では，外部の場所において惣菜を購入して，客が自ら食品を家へ持ち帰ることが多く，中食の範囲は広がったといえる。

① 中食の分類

　中食とは，家庭の外で調理された食品，料理を購入して，持ち帰るあるいは配達等によって，家庭内で食べる食事の形態のことをいう。

　なお，類似の概念として米国などで用いられ，日本においても使用される言葉に HMR（Home Meal Replacement）があるが厳密には同義ではない。

　総務省統計局の分類に基づくと，中食の中分類には，客の注文に応じ，その場所で調理した飲食料品を提供する事業所のうち，その場所で飲食することを主たる目的とした設備を有さない事業所が分類されている。

●持ち帰り・配達飲食サービス業

　主として持ち帰り・配達飲食サービス業の事業所を統括する本社等として，自企業の経営を推進するための組織全体の管理統括業務等の現業以外の業務を行う事業所及び持ち帰り・配達飲食サービス業における活動を促進するため，同一企業の他事業所に対して，輸送，清掃，修理・整備，保安等の支援業務を行う事業所をいう。

　（例）主として管理事務，そのほかの管理業務，そのほか活動を
　　　　行う本社・支社等，自家用修理工場，自家用車庫，自家用
　　　　集荷所

●持ち帰り飲食サービス業

　飲食することを主たる目的とした設備を有さず，客の注文に応じその場所で調理した飲食料品を持ち帰る状態で提供する事業所をい

う。

　したがって，飲食料品を作り置きし，客の求めに応じて，販売する事業所は，ここには含まない。

　なお，車両等を使い，不特定な場所において客の注文に応じ調理した飲食料品を持ち帰る状態で提供する事業所の持ち帰り弁当や移動販売もここに含める。

　（例）持ち帰り飲食サービス業，持ち帰りすし店，クレープ屋，持ち帰り弁当屋，移動販売（調理を行うもの）

　　＊他から仕入れたもの，または作り置きのものを販売する持ち帰り店の場合は，属さない。

● 配達飲食サービス業

　その事業所内で調理した飲食料品を，客の求める場所に届ける事業所および客の求める場所において調理した飲食料品を提供する事業所をいう。

　学校や病院，施設など特定された多人数に対して食事を客の求める場所に届ける事業所も本分類に含まれる。

　（例）デリバリー専門店，病院給食業，宅配ピザ屋，ケータリングサービス店，施設給食業，仕出し料理屋，給食センター，配食サービス業，仕出し弁当屋

●その他

　飲食店によるデリバリーやテイクアウト販売など，以上に挙げた総務省統計局の中食の分類には当てはまらない業態も，現実としては中食に属していると考えられている。

（2）中食の発展

　現代の中食のはじまりと考えられるのは，江戸時代にさかのぼる。日本では江戸時代に料理茶屋が多くできて，現代の外食産業の礎が確立されていった。当時の屋台料理である，天ぷらや蕎麦，寿司などは現代のファストフードにつながっている。当時，屋台の天ぷらを家庭に持ち帰って食べることもあったとされ，蕎麦や丼ぶりなどを配達してもらう出前も存在した。しかし，主には食材を八百屋や肉屋，魚屋などの各店舗で購入して，家庭内で調理して家庭内で食べるのが一般的な食事の形態であった。

　なお「中食」という表現は，江戸時代初期以降に「中食（ちゅうじき）」という言葉として登場しているのだが，この言葉は江戸中期に「昼食（ちゅうじき）」という言葉に変わっているので，直接的な関連性はない。

①　80年代の発展

　コンビニエンスストアが社会に定着した1980年代以降の日本では，働く女性の増加や核家族化，単身世帯の増加などの背景もあり，家庭内における調理時間は減る傾向にあった。しかし，安価で手軽な外食は少なく，あらたまった席の外食が主流であった。外食と比較すると安価で，かつ，調理の手間がいらない食事へのニーズが高まり，店舗であらかじめ調理された料理を購入して，自宅に持ち帰って食べるという食事の形態の割合が増えていった。

　そこで，外部で作られた食品を外部で食べる形態の「外食」と，家庭内で調理したものを家庭内で食べる「内食」，そして，その中間の位置づけとして，外部で調理されたものを家庭に持ち帰る，ま

たは届けてもらって食べる食事の形態として「中食」がその呼び名とともに定着していった。

　それまでの「外の味」としての外食と，「我が家の味」といわれる内食の中間として，外の味ながらも，自宅で一工夫のアレンジをして「我が家の味」「自分の味」に仕上げる場合も増えていったのである。

　中食を購入できる場としては，コンビニエンスストアやスーパー，デパート，総菜店や仕出し弁当，ファストフード店のほか，飲食店においてもテイクアウトを行っており多岐にわたる。店舗をもたず，車内で調理を行い出来立てを提供する自動車による移動販売なども活発化している。さらに，電話やネットで注文して届けてもらうデリバリーなどは，客が店舗に出向く必要もない。

　消費税が持ち帰り食品の場合は8％据え置きながら，外食の場合は10％であることに加えて，2020年は新型コロナウイルスの影響で，外食産業の売上が落ち込んだ。そのため，飲食店においても外食としての要素をもたないデリバリー専門店が新たな業態として活発化した。

②　中食の多様化

　中食の範囲が広がっている背景の1つには，日本の家庭の食事形態の変化もあるだろう。女性の社会進出や生活様式の多様化などによって，外出先で購入することが増えたといえる。さらに，以前からの出前に加えて，現代はさまざまなデリバリー事業が活発化しており，家にいながらにして作りたてのおいしさを保持している食品を味わえるようになっている。高齢者の増加や核家族化，婚姻率の

低下や単身世帯の増加などもあり，食事を独りでとる「孤食」化の割合が増え，「一人だから外食よりは中食のほうが利便性は高く，気遣いがない」という消費者のニーズにも見合っているといえるだろう。

　そういった消費者の需要に対応すべく，注文してから料理が届けられるまでの時間も短縮されており，加えてほとんどの場合，一人前から注文が可能である。また，一人世帯，ないし家族がいても各人が別々の食品を食べるスタイルの「個食」傾向も増えたことにより，購入する品数や，量なども自由に選びやすくなっていった。弁当ひとつ，惣菜ひとつ，おにぎりひとつ，などといった客の要望にこたえるべく，手軽に買えるようなサービスが増えたとみられる。

　現代では，おいしさだけではなく，消費者の生活スタイルや健康志向などの要望に応じて，中食市場も細分化し，安定した市場となっている。以前は生鮮食材を主に販売していたスーパーマーケットにおいても，近年では惣菜売り場を拡大し，店内調理の総菜や弁当に力を注ぐ店も多い。

　また，コンビニエンスストアに加え「駅ナカ」など，外出先からわざわざ足を運ばなくても購入して帰宅が可能な便利な場所に店舗を構える店の増加により，中食購入そのものが便利になったといえるだろう。

　さらに，宅配においては，定期的に届けてもらうデリバリーシステムの企業もあり，栄養士が監修した弁当や総菜などを毎日日替わりで購入することが可能である。カロリー計算がされていたり，塩分が控えめに抑えられているなど，身近な店舗では定期的には購入しにくい栄養バランスの整った食事は，一定の需要に応じていると

いえる。

　また，老舗の料理店や有名なレストランが監修した料理や，その店でオリジナルに提供する料理のテイクアウトなどクオリティが高いとされる料理も多数ある。栄養素やカロリーを強調した「健康」志向の料理にしても，購入側のニーズにあわせて「アスリート志向の料理」，「体重を気にする人向けの料理」，「糖質オフの料理」など切り口はさまざまあり，多種多様の料理を購入することができるようになっている。

　さらに，毎日の日常の食事用，祝いの席やパーティ向けなど，利用の目的に応じた購入も可能な選択肢がある。宅配料理の専門店や多くの外食チェーン店で料理やお弁当のデリバリー（宅配）のサービスをするようになっており，デリバリーの人材を登録制で管理するシステムなどが人気となっている。デリバリーをする側も，普段は別の仕事をもち，空いた時間にデリバリーの副業を行うなど時間の有効活用の１つとしてデリバリーを行うことができる形態は，時間や人材の「シェア」を可能にしている。

　中食は，食べたいものを必要な分だけ少量ずつでも購入でき，種類も豊富で手軽に利用できるいっぽうで，好きなものを購入してしまうため，栄養バランスが整いにくい，食塩や脂肪の摂取量の増加につながりやすいなどのマイナス要素も考えられる。

考えてみよう！
　中食と外食の違いはどんなことがあるのか考えてみよう。
　中食のメリット，デメリットにはどんなことが挙げられるか。また，デメリットの解決策はあるのか。

③　食の外部化

　2017 年の中食市場規模は，2008 年比で 22.3% 増の 10 兆 555 億円
であった。いっぽう外食は同 4.6% 増の 25 兆 6,561 億円，内食は
14.9% 増の 35 兆 3,281 億円で，伸び率は中食が最も大きいことがわ
かる（食市場規模の推移（「惣菜白書 2019 年版」より）。利便性と安価で
あること，この両面において，消費者のニーズや変化に応じやすい
という特徴が浮き彫りになったと考えられるだろう。

　日本政策金融公庫（略称：日本公庫）農林水産事業による，中食と
外食の利用動向調査では，中食の利用頻度について，男女ともに
「週に 2 回程度」以上の回答割合が 4 割弱となり，増加している結
果となった（平成 30 年度上半期消費者動向調査，平成 15 年 7 月調査と
の比較）。いっぽう，「ほとんど利用しない」（22.1%）は 6.7 ポイン
ト低下している。

　同様に，外食の利用頻度は，「週に 1 回程度」以上の回答が増加
している。また，今後の中食の利用頻度についてのアンケートで
は，「増えると思う」と回答した割合が「減ると思う」と回答した
割合の約 2 倍となっており，中食・外食いずれも利用頻度が増加し
ていると思われる。

　世帯別にみた，中食を利用する理由についての調査では，2 人以
上の世帯と単身世帯の両方において，時間の短縮が上位となってい
る。

　また，日本政策金融公庫農林水産事業が，2018 年に行った男女
別のアンケート調査では，中食でよく行く店を利用する理由とし
て，以下の結果となっている。

図表 18　中食を利用する理由

(単位：%)

	二人以上の世帯	単身世帯
時間がない	47	44
普段自分が作れないものが食べられる	41	43
外食するより価格が安い	34	31
調理・片付けが面倒	31	45
好きなものを食べられる	29	32
自分で食事を作るより価格が安い	22	34
食材が無駄にならない	21	27
好きな場所で食べられる	17	18
栄養バランスに配慮できる	8	11
その他	8	9

（注）消費者モニター987人を対象に行ったアンケート調査（回収率
　　91.9%）

資料：農林水産省「食料・農業及び水産業に関する意識・意向調査」
　　（平成27（2015）年3月公表）（組替集計）

図表 19　中食でよく行く店を利用する理由

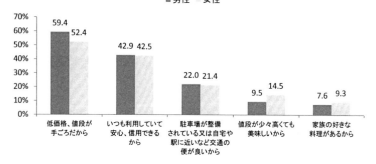

調査時期 平成30年7月

調査方法 インターネットによるアンケート調査

調査対象 全国の20歳代〜70歳代の男女2,000人（男女各1,000人）

（注）日本政策金融公庫（略称：日本公庫）農林水産事業が，2018年7月に実施した
　　「平成30年度上半期消費者動向調査」。2003年の調査は調査票郵送による調査
　　で，男女800人（男性212人，女性588人）。

中食の表示

　市販されているお総菜やお弁当には，栄養表示の他にも食品衛生法・JAS法などの法律に基づいて，原材料や添加物・アレルギー表示・消費期限・保存方法などが表示されていて，私たちが安全に食品を選ぶことができるように法律で定められている。購入の際には，目安に確認してみよう。原材料や添加物などの表示についても知識を増やすことによって，多くのメニュー開発のニーズに対応しやすくなるだろう。

2　中食のメニュープランニング

（1）メニューコンセプト

　メニューコンセプトの必要性や考え方は，基本的に外食と同様と考えて良い。中食の場合は，メニュー開発を必要とする企業が，飲食店，食品メーカー，農業従事者，都道府県，自治体や各種団体，宿泊施設，持ち帰り惣菜店，コンビニエンスストア，スーパーなどさまざまである。その企業の特性に見合ったコンセプトづくりを行っていく。

　外食同様，このような要素を確認しながら，メニューのコンセプトを考案していく。外食と若干の要素が変わるので，照らし合わせて確認すると良い。

　そして，どうしたら，お客様に満足してもらえるメニューになるのか，という視点にたち，具体的なメニューをイメージしていく。

図表20　中食メニューのコンセプト考案

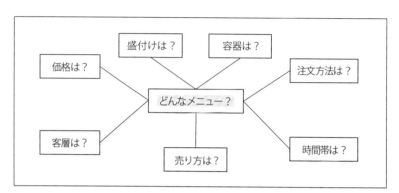

　中食は特に，パッケージ容器の形や大きさ，材質など料理のイメージづくりに関係が深い。また，あらかじめパッケージの中に入れて販売するのか，お客様が自ら取り分けてパッキングする販売方式なのか，などの違いによっても盛り付けや色彩などのバランスを考慮する必要があるだろう。

　さらに，作りたてを食べられる外食や内食と異なり，中食では調理時と食事時に時間差があることが多い。このため，メニューは冷めたときの状態を考慮して開発しなくてはならない。まずは品質を保持させること，安全性が求められるが，そのほかにも以下のようなことに気を配るようにする。

【お客様の満足につながらない事例】

　●サラダが水っぽくなって，葉野菜のみずみずしさがなくなってしまう。

　●おかずのソースが別のおかずへ移ってしまった。

●電子レンジで加熱しないほうが良い料理と，温めたほうがおい
　しく食べられる料理が同じパッケージに入っていた。

●冷めたら食感が硬くなってしまった。

●冷めたら食感が柔らかくなってしまった。

その他，色の変化や風味の変化などにも気を配るようにしたい。

（2）立　地

　中食の売上にも，売る場所の立地は関係が深い。立地条件は，店
の売上を左右する重要な要素となっている。

　その商品の用途を考えて，主たる客層を想定し，ふさわしい立地
で販売する，または，立地が先にあれば，その立地に基づく客層や
商品の用途，想定できる顧客の生活スタイルなどを考えて，料理は
生み出されていく。

【立地の種分け】

　駅前，ビジネス街，住宅街，学生街，繁華街（昼型，夜型，終日
型），観光地，商店街，工場地帯，倉庫街，ロードサイド，ショッ
ピングモール，過疎地など。

　さらに，立地内の条件，環境によっても分類は細分化される。住
宅街といっても，学生が主に住む街，小学生以下の子どもをもつ家
庭が多く住む街，一戸建て住宅が立ち並ぶ街，高層マンションが立
ち並ぶ街，繁華街に近い住宅街など，どういった客層が集まる街で
あるのか，周辺の交通機関の状況など多くの要素の違いによって，
立地条件は異なるといえる。

（3）主たる客層

① 客層判断

　外食同様に，売り場の商圏，立地条件を考えるとともに，その周辺の自宅，ないし職場へ持ち帰ることを考慮して，ふさわしいメニューを考えていく。ビジネス街のランチタイムであれば，主たる客層は近隣に勤務するビジネスパーソンが想定される。

　また，住宅街で売る場合には，ファミリー層が主たるターゲットになるのか，中高年以上の年齢層が主たる客層になるのか，などの周辺の人口密度や，交通機関など外食同様に細かく確認しなくてはならない。また，時間帯によっても主たる客層が変わる可能性はある。

② 利用環境別アプローチ

　外食の場合は，調理をした店舗の中で，客が食事をするため，「どういった客がどう食べるのか」を目の前で確認することが可能である。いっぽう，中食の場合には，購入した後，自宅や職場へ持ち帰って食事をすることも想定されるため，その各家庭の中でどういった消費をされるのかは，外食と比べて見えないのが特徴である。

　そのため中食の場合は，まずは興味をもって，その料理を買いたくなるような視覚的要素が特に求められるといえるだろう。客がどんな料理を求めており，いつ，どのような動機で購入するのかを，客観性をもって検討し，効果的にメニューに組み入れていかなくてはならないことは外食同様である。

　飲食店においてテイクアウトを行うのは，お客様が，（ⅰ）店内

飲食の後に，お土産として購入する場合もあれば，（ⅱ）店内飲食と店外飲食（テイクアウト，宅配）を使い分ける場合がある。いっぽうで，（ⅲ）店内飲食のみのお客様や，（ⅳ）店外飲食だけのお客様も存在する。（ⅲ）や（ⅳ）の場合は，店内飲食のみのお客様が，テイクアウトや宅配をも注文しする，というように，その店舗の利用頻度を高めるようなメニューの工夫が求められる。

【客層分類】

●年　齢

ライフステージによって，食べたい料理，食べ馴染んだ料理は異なる。

●性　別

男性に PR するのか，女性に PR するのか。

●家族構成

一人暮らし，ファミリー，２世代などでアプローチは異なる。

●職　業

早朝出勤の場合，土日休日など。

●年　収

想定客単価に連動。

●価値観

外食，中食に対する価値観。

●ライフスタイル

ライフスタイルにおける飲食の位置づけ。

●飲食をする動機

どんな状態，どんな気持ちのときに料理を購入するのか。

（4）価格帯

　一般的には，中食の価格帯は，外食と比較して低価格に抑えられている。外食と同様のクオリティを保ちながら，低価格であることに需要が見出されているといえる。または，外食と比較してクオリティは望めないものの，低価格であることで，お客様は納得して，需要と供給が合致している場合もある。

　しかし，自宅や指定の場所へ届けてもらう場合には，必ずしも中食が外食と比較して低価格であるとはいえない。店内飲食とテイクアウトを行っている場合は，1つのメニューに対して，店内の価格とテイクアウトの価格が同価格の店舗と，テイクアウトを低価格にする店舗がある。また，メニュー価格は同価格であるが，テイクアウトの場合は，別途に箱代がプラスされる店舗もある。

　デリバリー専門店の場合は，メニューを宅配する時間と経費を加味して，注文できる最低価格を店舗側が想定している場合が主である。さらには，デリバリー専門のピザ店などにみられるように，店舗側が指定の場所まで届ける場合と，客が自ら店まで商品の受け取りに行く場合では，商品価格が異なることもある。

　また中食の場合は，軽減税率が適用されている。

① 消費税の軽減税率

　軽減税率制度とは，特定の商品の消費税率を通常より低く設定するしくみのことで，2019年10月1日から実施された（2021年4月時点にて継続）。消費税が8％から10％へ増税されると消費者の負担が増加してしまうことになるため，負担を抑えるための措置とされ，「日々の生活において幅広い消費者が消費・利活用している商

品の消費税負担を直接軽減する」という考えに基づき，特定の品目に対して軽減税率（8%）が適用されることとなっている。

② 軽減税率の対象となるもの

　軽減税率が適用されるのは，飲食料品と新聞となっている。飲食料品とは，食品表示法に規定する食品（酒類を除く）をいう。「酒類」，「外食」，「ケータリング・出張料理」，食品とその他のものが一緒になった「一体商品（一体資産）」については，軽減税率の対象外となり，通常の10%の消費税が課税される。また，新聞は定期購読に限定されている。

　一体商品とは，おもちゃ付きの菓子類や，カップ・ソーサーなどが付いたコーヒーギフトなど，軽減税率の対象商品とそうでないものが1つのパッケージ商品になって販売されているもののことをいう。

・軽減税率の対象（消費税8%）の飲食料品

　　　米や魚，肉，野菜などの一般食料品

　　　ミネラルウォーター

　　　ノンアルコールビール

　　　甘酒やみりん（アルコール1%未満のもの）

・軽減税率の対象外（消費税10%）の飲食料品

　　　酒類（みりんや調理酒も対象）

　　　保存用の氷

　　　水道水

　軽減税率の適用対象外となる「外食」等は，以下のものである。

　1．①事業者が顧客に飲食させようと考えている飲食設備（テーブル，椅子，カウンター等）のある場所において（場所要件），②顧客に飲食させるサービス（サービス要件）（持帰りのための容器に入れ，又は包装を施して行う飲食料品の譲渡は含まない）（「外食」）

　2．顧客が指定した場所で，顧客に飲食させるサービス（「ケータリング・出張料理等」）。ただし，有料老人ホームでの飲食料品の提供や学校給食等は，生活を営む場所において他の形態で食事をとることは困難と考えられることから，「ケータリング・出張料理等」から除外する。

　そのため，購入したその場で飲食することを目的に提供するイートイン，外食は軽減税率の対象外であるが，食品を持ち帰って食べてもらう提供方法，すなわちテイクアウトの場合は対象になる。店内で飲食する場合は 10%，テイクアウトやデリバリー利用は 8 ％の税率となっている（2021 年 3 月）。

図表 21　消費税率区分

8％（軽減税率）		10％（標準税率）	
飲食料品の譲渡	テイクアウト	飲食料品の譲渡に該当しない	外食
	デリバリー		ケータリング
	学校給食（生徒のみ）		学生食堂
	有料老人施設内		ホテルのルームサービス
	お祭りの屋台（テーブル・椅子なし）		フードコート内

事例①　店内外飲食について

　ファストフード店やカフェなどの，店内飲食とテイクアウトの両方を行っている店舗においては，テイクアウトの場合のみ軽減税率が適用されている。持ち帰り用の包装をされる場合は適用されるが，トレイに載せて座席まで運ばれるなど，返却の必要がある食器に盛られた食品などには軽減税率は適用されない。

事例②　一体食品の場合

　ファミリー層の来店を想定して，お子様限定メニュー「お子様セット（おもちゃ付き）」を提供している店舗も少なくない。この際に

は，一体食品として扱う。

　軽減税率の対象商品とそうでないものが1つのパッケージ商品になっている場合は，原則として軽減税率の対象外となる。しかし，税抜価格が1万円以下で，かつ食品に該当する価格の割合が3分の2以上の場合は軽減税率の対象となる。

事例③　イートインスペースの利用

　スーパーやコンビニエンスストア内に，イートインスペースや休憩場所が設けられていた場合，店舗内で弁当や総菜などを購入し，持ち帰る場合は軽減税率が適用されるが，イートインをした場合は，適用外となる。基本的には店舗側が支払の際に，イートインなのか，持ち帰りなのか尋ね，イートインの場合は申告することが必要とされている。申告せずに軽減税率で購入したにもかかわらず，イートインスペースを利用した場合には，適用外の金額を支払う必要があるとされる。

日本フランチャイズチェーン協会
によるポスター

　消費税の軽減税率が適用されたことによって，2019年から2020年にかけては，持ち帰りを希望するお客様が増加することを想定し，それまで外食のみの提供をしていたレストランが，新たにテイクアウトやデリバリーのサービスを始める事例が増えた。その際に

は，飲食店ならではの付加価値を考える必要性が課題の１つとなった。外食でしか味わえない新メニューの導入も求められている。

　そのいっぽうで，出来たての惣菜や弁当などのテイクアウトやデリバリーの提供で販路を広げて，売上げや認知度アップにつながる場合もある。アプリや WEB を活用し，テイクアウトやデリバリーの事前注文や決済を行えるサービスも増えていった。テイクアウトでは O:der（オーダー），デリバリーでは UberEATS（ウーバーイーツ）や fineDine（ファインダイン）などが人気となった。また，複数税率に対応したシステム導入には補助金がもらえる制度も設けられた。経理にかかる時間の軽減をサポートする狙いがあったと考えられる。

　軽減税率の導入に加え，2020 年は新型コロナウイルスの感染も広がり，飲食店における持ち帰りやデリバリーなどへの需要は加速度的に増加した。今後も，中食は成熟期になるとともに，発展し続けていくと考えられる。

> **調べてみよう！**
> デリバリーやテイクアウトの方法などについて調べてみよう。企業や店舗の提供方法の相違について，調べてみよう。また，今後の可能性についても話し合ってみよう。

3 メニューの種類

（1）中食メニューのカテゴリー分類

　中食の場合は，外食のように，グランドメニュー，限定メニューなどのような明確なカテゴリー分類で表現することは一般的でない。とはいえ，年間を通して掲げられるグランドメニューとともに，季節限定メニューや人数限定メニューなどの各種限定メニューも存在している。さらに，メインディッシュとなるメニューや副菜に適した惣菜メニュー，スイーツ，ごはんやパンなどの主食メニュー，おすすめメニューなど，大概において外食のカテゴリー分類と変わりはないといえるだろう。

　ただし，一人前の分量が店舗により定まっている外食と異なり，中食の場合には，お客様が自ら購入する分量を選択できる場合もある。そのため，メインディッシュとサブメニューのどちらであるかは，外食よりは定まりにくいといえる。すなわち，メニューを開発する場合においても，そのメニューのカテゴリーが何にあたるかを想定しつつ，売り方についてはバリエーションが豊富にあるため，考慮しておくことが必要な場合もある。

事例　メインディッシュ，サブメニューの区分

　例えば，すべての総菜がグラム単位で購入可能な惣菜店に向けて，ハンバーグを考案するとする。その惣菜店には持ち帰り容器がいくつかあり，パーテーションで2か所に仕切られている容器から，6か所

に仕切られている容器まで選択できるとする。このような売り方の場合は，「何がメインディッシュで，何がサブメニューか」という区分けは特に設けていない。

　そのため，お客様が容器を自由に選択できる場合，6か所に仕切られている容器で，ハンバーグを選ぶ可能性もある。その仕切り内に入る大きさのハンバーグにしなくてはならない。しかし，小さなハンバーグの場合は，焼き目をつけると食感が硬くなりやすく，またボリューム感に欠けてしまうという懸念もある。そのため小さなハンバーグだとしても，冷めてもお客様が満足するようなハンバーグを目指さなくてはならないだろう。もしくは，容器の形状別に，その中に入れるべき惣菜の種類を限定して提供するのも1つの方法である。この場合は，ハンバーグはボリューム感のある大きさに作り，仕切りの数が少ない容器に入れて対応すると解決する。さらに，メニューを確立させて，そのメニューに合う容器を再考するという方法もある。

　●仕切りのある容器が数種類ある店舗で考案する場合

　① 仕切り内に入るメニューの大きさ，切り方，ボリューム感，視覚的訴求力などを考慮する。

　② 容器を限定してメニューを作成する。

　③ 容器の再設計を考える（メニュー先行型）。

① 時間帯メニュー

　グランドメニューのほか，1日のサイクルの中で一定時間帯にのみ提供されるメニューは，中食においても提供される。しかし，外

食における朝食メニュー，ブランチメニュー，ランチメニュー，アイドルタイムメニュー，ディナーメニュー，深夜メニューなどの多くの区分には分かれていない。

　注文を受けてから調理をする外食と比較して，作り置きが主流の中食店舗では，売れ残った場合は廃棄になるため，細かく時間帯メニューを作ることにはリスクが伴う。

　週単位では，一定時間帯にのみ提供されるメニューとして，土日限定メニュー，平日限定メニューなどがある。

②　その他の機能別メニュー

　目的や機能によってメニューのカテゴリーがある。下記はその一例である。

【機能別メニュー例】

　催事（イベント，フェア）メニュー，シーズンメニュー，客層別メニューなどがある。

③　メニューの組み合わせ

　中食には，一品を想定したメニューだけでなく，数品を組み合わ

考えて
みよう！

　季節感のあるメニューは，視覚的な訴求力を出せるため，中食では力を注ぎやすい。1年間の季節限定メニューについて，考えてみよう。

せて，メイン料理，ドリンク，サラダのセットで販売する，といったセットメニューで提供する場合もある。そのほか，一定のメニューに対するメニューや，いくつかの総菜を組み合わせるメニューなど，さまざまな組み合わせメニューがある。

　宅配専門店にて多く見受けられるのが，組み合わせメニューである。

事例　宅配専門中国料理店の場合

　下記，A，Bの中から，それぞれ1品ずつ選択すると，白飯がついて，どれでも○○円均一（税込み）です。

　A　小エビのチリソース，回鍋肉，麻婆豆腐，麻婆ナス，青椒肉
　　　絲，小エビのマヨネーズ和え，鶏肉とカシューナッツ炒め，酢
　　　豚，ニラレバ炒め，牛肉と玉ねぎの味噌炒め，豚の角煮，豆腐
　　　と鶏肉の煮込み，イカとニンニクの芽の炒め，卵とトマトのト
　　　ロ煮
　B　焼き餃子，黒豚シュウマイ，春巻き，海老餃子，海老シュウマ
　　　イ
　　　＊白飯抜きは，マイナス△円，白飯を卵チャーハンに変更すると，プラ
　　　　ス□円です。

　このような事例の場合は，Aが主にカジュアルに利用できるメインディッシュになり得る料理，Bが副菜の組み合わせとなる。

　Aを2品選択にすることも多い。さらに，A，Bのほかに，Cとして前菜やアルコールのつまみになるようなサイドメニューの選択肢を加える場合は，ディナーメニューの対応が想定できる。

　また，麺類やご飯類の中から1品を選び，餃子やシュウマイなどの点心を組み合わせるメニューや，スープをつける，デザートをつけるなどによって，客単価を上げるセットメニューなども想定できる。

【ランチ，ディナー両方に対応可能な組み合わせ】

●メインメニュー＋サブメニュー　各1品ずつを選択
●ご飯類，麺類＋サブメニュー　各1品ずつを選択

などの計2品のセットメニューは，時間を選ばずニーズがある。さらに，プラス料金で，前菜やデザート，ドリンクなどを加えることによって，より充実したセットメニューを提供できるとともに，客単価アップをはかることが可能となる。

【主にディナー対応の組み合わせ】

●前菜メニュー＋メインメニュー＋サブメニュー　各1品ずつを選択
●メインメニュー2品＋サブメニュー1品を選択
●メインメニュー＋ご飯類・麺類＋サブメニュー　各1品ずつを選択

などの計3品セットメニューの場合は，主にディナー対応となる。また，メインメニューが3品以上になれば，サブメニューも3

品以上に増やすなど連動させることで，人数が増えた場合のシェア可能なメニューとして対応できる。

【パーティ・多人数向けメニューの組み合わせ】

　前菜の盛り合わせ＋メインメニュー5品を選択＋ご飯類・麺類を2〜3品選択

　など，大皿メニューを挿入することで，多人数への対応や，パーティらしさを演出する。

④　売り方別のメニュー開発

　中食は，デパ地下，駅ナカ，物産館，デリバリーなど，これまで数々の流行を生み出しつつ，発展してきた。現在では，中食の購入方法は，

●飲食店のテイクアウト
●デリバリー
●宅配専門店舗
●百貨店売り場
●路面の惣菜店
●スーパー
●コンビニエンスストア
●ネット通販

　ほか，イベント会場，郊外の道の駅，ドライブスルー，郷土料理店舗，市場などがあり，それゆえに，消費者の選択肢も広がったと

いえる。ネットを通じて，メーカーから直接購入することも可能である。そのため，企業側にしても，今までは来店してもらえないと売上につながらなかった店舗で，ネットを通じて販路を広げることができている。

デリバリー事業には，2020年の新型コロナウイルスによって，参入した企業が増えている。

提供方法によって，また，店舗によって，調理をしてからお客様が購入するまでの時間に違いがあるため，その点も踏まえてメニューを作っていく。

注文の際には，色彩や盛りつけ，ボリューム，ネーミングなども売上を左右する。

【対面販売】

百貨店や駅ナカなどの総菜売り場で対面にて販売する場合は，ショーケースからの視覚的な訴求効果をもたせるメニューが望まれる。サラダなどは，色彩のバランスや野菜類の形状のバランスなど，ショーケースの中がスッキリとまとまり，かつその盛り付け方にはおいしそうに映る盛り付けを行うことが必要となる。いわば，ショーケースの中に芸術的なセンスが求められるのである。

対面売り場での視覚的な訴求効果は，惣菜売り場以外のベーカリーやスイーツ類，おにぎり，弁当などすべての料理のカテゴリーにおいて共通にいえる。

メニューを開発する場合には，ショーケース内の全体のいろどりや形，高低差などのバランスを考慮して，ライトに照らされた時においしそうに見えるメニューとする必要がある。

　いっぽう，商店街の老舗の手作り惣菜などでは，馴染みのある商品であったり，手に取りやすい安心感のあるメニューである必要性が出てくる。ホッとするような地域密着型のメニューであることが求められる。しかし，その中にも常に「おいしさ」や「新しさ」を追求していくことが望ましい。

【ネット通販・デリバリーなど】

　対面販売以外では，メニューは主にチラシ，ネットなど画像から選ぶケースが大半となる。その場合は，メニュー画像がおいしそうに見えることが必須となる。彩りの良さやトッピングなどによってポイントを作るなどのメニューの工夫や，ネーミング，写真撮りの角度や画像の並べ方など，画面や1枚のチラシを通したメニュー表記とともに，その中でおいしく見せるメニュー開発を心がけていく。

⑤　中食のメニュー表記

　中食では，香りや音などでお客様に訴求することができない。そのため，視覚的要素を充実させることが求められる。購入したくなるようなネーミングを考案したい。

　また，ネーミングは，店舗ないしメニューのコンセプトを表現することもある。あまり長文すぎず，わかりやすいメニュー表記が望ましい。

⑥　パッケージ・容器

　中食において，どんな容器にどう入れるかは，売上やメニューイメージに関わり，お客様満足にもつながる。日本のパッケージ技術

やデザインのバリエーションは世界トップクラスで，多種類から選ぶことができる。

事例　ラーメン店の容器

ラーメンは，本来は中食よりは外食向きのメニューと思われる。しかしスープが冷めない容器が開発され，その利用によって，デリバリーやテイクアウトも増えていった。また，スープと麺，具材を別の容器に入れてデリバリーすることもある。

事例　電子レンジ対応の容器

電子レンジ対応のボックス型の容器もパスタや丼料理に利便性も高く利用されている。ソースが漏れないように防水コーティングされているものもある。

⑦　中食メニュー開発の留意点

　イートインのメニューと中食のメニューでは，基本的に変わらない。しかし，作りたてを食べない中食においても，作りたてと同様の味わいを保持するための工夫が求められる。

　例えば，油の量を増やして作ることにより，冷めて硬い食感になることを軽減することが可能だ。また，表面を油脂でコーティングして光沢を出すことによって，作りたての艶のような視覚効果とともに，表面の食感を保持することができる。

　卵は冷めて硬くなりやすいが，油を多くして調理することで，卵のトロトロを保持させることができるとともに，保温力も高まる。

考えてみよう！

　テイクアウトやデリバリーのメニューには何か特徴があるのか，どんなメニューがテイクアウトになっているのか，テイクアウトのために，各店舗はどういった工夫をしているのか，調べてみよう。

図表 22　飲食店向け中食の衛生管理の喚起

新たにテイクアウトや
デリバリーを始める飲食店の方へ
衛生管理を徹底し食中毒にご注意ください！

テイクアウトやデリバリーでは、調理してからお客さんが食べるまでの時間が長く、気温の高い時期は、特に食中毒のリスクが高まります。
こまめな手洗いや調理者の健康管理など普段からやっている衛生管理に加え、以下のポイントが実行できているかチェックしてください。

テイクアウトやデリバリーに適したメニュー、容器ですか？

- 鮮魚介類など生ものの提供は避けましょう
- 水分を切る、よく煮詰める、浅い容器に小分けするなど傷みにくい工夫をしましょう

お店の規模や調理能力に見合った提供数になっていますか？

- 注文を受けてから調理するなど、食べられるまでの時間を短くする工夫をしましょう
- 容器詰めは、清潔な場所で行いましょう

加熱が必要な食品は、中心部まで十分に加熱していますか？

- "半熟"卵や"レア"なお肉の提供は、テイクアウト・デリバリーでは控えましょう

保冷剤、クーラーボックス、冷蔵庫、温蔵庫などを活用していますか？

- 調理した食品は速やかに10℃以下まで冷ますか、65℃以上で保管しましょう
- 食中毒菌は、20〜50℃の温度帯でよく増えます！

速やかに食べるよう、お客さんにお知らせしていますか？

- 購入した食品は速やかに食べるよう、口頭で、または容器にシールを貼るなどして、お客さんに伝えましょう。

出所：厚生労働省ホームページより。

Chapter 7　内食のメニュー開発

1　内食のメニューとは

　内食とは，家庭内食の略で，いわゆる手作り料理のことをいう。家庭の中で作られる料理のメニューを開発する場合は，一般的な家庭で購入することが可能な材料を用いて考案される。また，使用する調理器具も，一般のどの家庭にもあるような器具であることが望ましい。さらに，家庭の火力や電力でおいしく作れるレシピである必要もある。

2　近年の内食の傾向

（1）食の外部化

　外食や中食がさほど普及していない時代には，私たちの食事は手作りの料理が大半をしめていた。

　しかし，働く女性や単身者の増加，人口の高齢化などに伴うライフスタイルの変化から，食の外部化率は増加していった。

　食の外部化とは，食料支出のうち，外食費と惣菜，調理食品の購入金額の合計が占める割合をいう。また，食の外部化率とは，家計の飲食料費に占める「広義の外食」費の割合のことをいう。

　1975年には，食の外部化率は28.4％であったが，年々増加し，

図表23　外食率と食の外部化率の推移

	昭和50年	昭和51年	昭和52年	昭和53年	昭和54年	昭和55年	昭和56年	昭和57年	昭和58年
食料・非アルコール飲料(1)	–	–	–	–	–	284,621	302,093	313,442	325,715
アルコール飲料・たばこ(2)	–	–	–	–	–	54,303	56,564	59,394	62,643
食料・飲料・煙草(3)=(1)+(2)	237,631	265,566	289,420	303,310	316,225	338,924	358,657	372,836	388,358
たばこ販売額(4)	14,489	19,590	20,733	21,086	21,786	25,629	26,864	27,373	30,044
家計の食料飲料支出額(5)=(3)-(4)	223,142	245,976	268,687	282,224	294,439	313,295	331,793	345,463	358,314
外食市場規模(6)	85,773	100,774	110,318	121,167	136,182	146,343	156,867	172,081	177,014
広義の外食市場規模(7)	87,790	103,183	113,765	125,140	141,214	153,475	164,540	181,026	186,436
全国の食料・飲料支出額(8)=(5)+(6)	308,915	346,750	379,005	403,391	430,621	459,638	488,660	517,544	535,328
外食率(6)/(8)	27.8	29.1	29.1	30.0	31.6	31.8	32.1	33.2	33.1
食の外部化率(7)/(8)	28.4	29.8	30.0	31.0	32.8	33.4	33.7	35.0	34.8

平成8年	平成9年	平成10年	平成11年	平成12年	平成13年	平成14年	平成15年	平成16年	平成17年	平成18年	平成19年
409,832	398,392	406,579	405,470	394,337	397,630	396,028	389,608	393,868	380,542	378,090	381,012
83,924	83,746	87,255	89,837	90,434	89,617	89,123	84,930	85,049	82,040	78,701	75,509
493,756	482,138	493,834	495,307	484,771	487,247	485,151	474,538	478,917	462,582	456,791	456,521
40,789	40,790	40,791	40,792	40,793	41,037	40,187	40,660	40,682	39,694	39,820	39,442
452,967	441,348	453,043	454,515	443,978	446,210	444,964	433,878	438,235	422,888	416,971	417,079
286,502	290,702	284,961	273,880	269,925	258,545	254,484	245,684	244,825	243,903	245,523	245,908
319,440	326,824	328,918	322,828	319,804	309,745	306,165	298,260	298,021	299,061	301,570	302,489
739,469	732,050	738,004	728,395	713,903	704,755	699,448	679,562	683,060	666,791	662,494	662,987
38.7	39.7	38.6	37.6	37.8	36.7	36.4	36.2	35.8	36.6	37.1	37.1
43.2	44.6	44.6	44.3	44.8	44.0	43.8	43.9	43.6	44.9	45.5	45.6

資料①：(1)(2)は内閣府「国民経済計算」の推計による（各自暦年，名目）
　　　②：(4)は日本たばこ協会調べによる煙草販売実績（定価代金）であり輸入品を含む
　　　③：(7)は日本フードサービス協会の推計による（企業の外食支出を含む）。
　　　　　平成29年，30年の数値は令和2年8月時点の推計値である。

注①：平成29年，30年の(6)(7)を修正したため，本資料も反映している（令和2年8月現在）。
　　②：(4)たばこ販売額については，従来年度資料しか公表されていなかったが，19年以降，
　　　　四半期の資料が利用可能となったため，19年以降は暦年データに修正している。
　　③：(7)は料理品小売業市場規模（弁当給食分を除く）に外食産業市場規模を加算した。
　　④：(8)の食品・飲料支出額には企業の食品・飲料支出を含まない。
　　⑤：「家計の最終消費支出」のうちの外食支出は「11．外食・宿泊」に含まれるが，
　　　　外食部分だけの実績は公表されていない。
　　⑥：国民経済計算(1)(2)は，平成30年データ公表時に（R1年12月），平成28年，
　　　　29年の数値について，修正されているため，本資料も反映している。

出所：公益財団法人　食の安全・安心財団統計資料（http://anan-zaidan.or.jp/data/
　　　index.html）

（億円）

昭和59年	昭和60年	昭和61年	昭和62年	昭和63年	平成元年	平成2年	平成3年	平成4年	平成5年	平成6年	平成7年
337,175	350,462	350,844	350,302	355,967	365,136	382,907	404,858	417,131	423,007	418,336	420,108
62,795	62,751	64,321	66,191	67,789	71,206	76,759	79,456	81,510	81,998	83,368	85,440
399,970	413,213	415,165	416,493	423,756	436,342	459,666	484,314	498,641	505,005	501,704	505,548
30,770	30,769	33,485	33,867	33,722	34,790	35,951	36,965	37,216	37,817	40,787	40,788
369,200	382,444	381,680	382,626	390,034	401,552	423,715	447,349	461,425	467,188	460,917	464,760
184,783	192,768	204,726	213,482	225,371	234,714	256,760	272,308	277,341	277,650	277,042	278,666
194,848	203,723	217,192	227,112	241,699	253,499	280,169	298,433	304,893	306,638	307,051	310,100
553,983	575,212	586,406	596,108	615,405	636,266	680,475	719,657	738,766	744,838	737,959	743,426
33.4	33.5	34.9	35.8	36.6	36.9	37.7	37.8	37.5	37.3	37.5	37.5
35.2	35.4	37.0	38.1	39.3	39.8	41.2	41.5	41.3	41.2	41.6	41.7

平成20年	平成21年	平成22年	平成23年	平成24年	平成25年	平成26年	平成27年	平成28年	平成29年	平成30年
389,430	392,550	401,105	398,791	413,045	422,539	428,666	450,207	454,614	460,775	462,393
71,688	70,099	68,372	71,141	69,613	70,323	68,230	68,210	69,396	67,182	66,269
461,118	462,649	469,477	469,932	482,658	492,862	496,896	518,417	524,010	527,957	528,662
37,762	35,845	34,991	40,633	40,787	39,869	39,523	39,051	37,519	32,880	29,450
423,356	426,804	434,486	429,299	441,871	452,993	457,373	479,366	486,491	495,077	499,212
245,068	236,599	234,887	228,282	232,217	240,099	246,148	254,078	254,553	256,804	257,221
300,381	292,281	291,780	286,065	291,684	299,902	308,616	320,131	324,628	327,556	328,715
668,424	663,403	669,373	657,581	674,088	693,092	703,521	733,444	741,044	751,881	756,433
36.7	35.7	35.1	34.7	34.4	34.6	35.0	34.6	34.4	34.2	34.0
44.9	44.1	43.6	43.5	43.3	43.3	43.9	43.6	43.8	43.6	43.5

140

図表 24　外食率と食の外部化率の推移

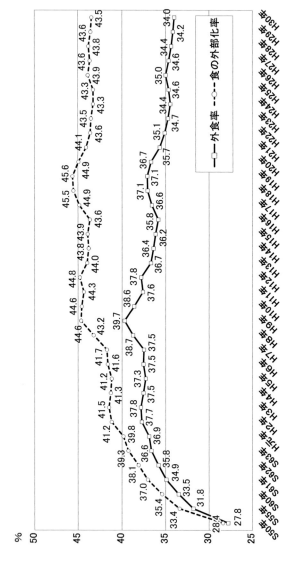

出所：公益財団法人 食の安全・安心財団のデータより。

1990年には40％を超え，その後，2019年まで概ね42〜45％の間を推移している状況である。外食率は1997年の37.8％をピークに下降したため，外部化率の中身としては，中食の台頭が挙げられる（日本フードサービス協会・（公財）食の安全・安心財団データ）。

　食の外部化が定着し，より一層おいしい外食や中食の商品が生み出されている中で，手作りに対してはその価値観も多様化しているといえよう。

（2）内食へのニーズ

　家庭料理の担い手は，内食に何を求めるのか。

　以前は当たり前のように毎日作っていた家族や自分の食事だが，外食や中食などに細分化されて選択肢が増える中，内食に求めるニーズも多様化しているといえる。

●安心・安全なものを食べたいから

●健康的な料理を食べたいから

●塩分を抑えるなど栄養バランスを整える必要があるから

●安価であること，経費を抑えたいから

●手料理がおいしいと思っているから

などさまざまである。

　また，手作り料理では何を重視して作りたいか，というニーズも多様化している。

●隠し味があるようなコツのある料理が好きだ

●丁寧に1から10まで手作りしたい

●調理工程が楽な料理を作りたい

142

●できる限り加工品は使いたくない

●できる限り加工品などを用いて楽に作りたい

●目分量でも作れる料理が良い

●「すごいね！」といわれる料理を常に目指したい

●有機農法の食材にこだわりたい

●珍しい材料を使いたい

などさまざまある。

　特に近年では，調理工程が楽で，調理技術もあまり必要でない料理や，

●調味料は1種類でおさめたい

●調理器具は1種類で作れる料理にしたい

といったニーズが増えているともいわれている。作り方やレシピを1分間で紹介する動画などが人気になったこともある。

　いっぽうでは，日々の食事に対して，丁寧に，きちんと作って食べたい，体に良いものを作りたい，といったニーズもある。味噌や醤油などの基本の調味料を自ら手作りしたり，カレーをルーづくりから試みたり，自分の畑をもって農作物を作っていくなど，生活の中の手作り料理に重きをおいた価値観をもつ人や手作り料理を楽しく思う人もいる。また，ある日はファストフードを購入して食べているが，次の日は有機野菜を購入して手作りするなど，現代人の食生活は多様化しているといえるだろう。

（3）手作りの概念

　内食向けのメニューを考案する際に，市販のカレールーやソー

> 考えて
> みよう！
>
> 　　　　手作りの概念はどこからどこまでをいうのであろ
> うか。
> 　　年代や育った環境，料理のスキル，材料へのこだ
> わり，ほかさまざまな要因で，手作りの概念は変わっ
> てくる。そして，今後の内食はどうなっていくだろ
> うか。

ス，ケチャップなどを使用するのが一般的である。

　しかし厳密に手作りするのであれば，カレールーは小麦粉やカレー粉や油脂などがすでに合わさった食品であるため，手作りではないといえる。ソースやケチャップなどの市販の調味料も同様である。しかし現在では，スーパーやコンビニなどで一般に購入でき，かつ，周知されている調味料などを使用しても「手作り」と評価されよう。

（4）内食メニューの調味料と調理器具

　内食のメニューは，家庭内で調理できることが主となる。そのため，一般家庭にある調味料，調理器具を用いることが基本である。ただし，新しい調味料やトレンドの調味料などを使用することによって，作り手に新たな感動を与えたり，調理の幅を広げることもある。また，調味料そのものをメニュー開発することも少なくない。

　いっぽうで，調理器具に関しては高額なものもあるため，奇をてらった器具でないと調理ができないメニューはあまり好ましいとはいえない。

　しかしながら，調理器具の新製品をPRするためのレシピ制作や，新メニューの提案，その調理器具の特性を活かしたメニュー開発などの仕事はある。日頃から，基本の調理器具とともに新しい器具にも注目し，アンテナを広げておくことも肝要だ。

●基本の調理器具と調理小物

　まな板，包丁（大，小），ボウル（大，小），ポット（やかん），片手鍋，両手鍋，フライパン，ざる（大，小），バット，焼き網，炊飯器，電子レンジ，オーブン，トースター，計量スプーン（大，小），計量カップ，キッチンハサミ，菜箸，しゃもじ，缶切り，ピーラー，木べら（へら），たまじゃくし，フライ返し，おろし金，はかり，栓抜き，泡立て器

3 メニューコンセプト

　内食のメニューは，主に写真や動画を見て，「作りたい」と思う前に，「食べたい」「おいしそう」と思えることが求められるといえるだろう。また，作らなくてはならないという状況で選ばれるメニューにする場合も多い。この点は外食や中食との違いといえる。

　例えば，「子どものお弁当のおかず」や，「招待客にふるまうためのメニュー」，「パーティ用のもてなしメニュー」，「季節の果実を使ったお菓子」，「簡単なアルコールのおつまみ」など，作る目的や用途が前提にある場合である。

　さらには，「飽きのこないメニュー」などの趣向を伴うメニューや，「トレンドの調味料を使ったメニュー」といった時流に合わせ

たメニュー,「低カロリーメニュー」,「骨を丈夫にするメニュー」などの健康を意識したメニュー, 素材に注目した「とことんキャベツを使ったメニュー」など, メニューは個性をもっている。そのため, メニュー開発をする前に, メニューのコンセプト, セールスポイントを決めておく必要がある。

　さらに, 外食や中食は食べる側と作る側が別の立場で存在するが, 内食に関しては, 作る側と食べる側が同一人物の場合も多い。そのため,「作りたくなるメニュー」である必要があり, さらに「作ってみて, 作りやすかった」といった感想が出るメニューや,「食べてみておいしかった」「食べてみて作って良かったと思った」といった, 食後の良い印象が出るメニューでなくてはならない。外食や中食と同様であるが, 食べる前の「作る」工程から, おいしさを感じるかどうかの判断は始まっているといえるのである。

(1) コンセプトの必要性

　前述のように, メニューはコンセプトのもとに客層のイメージが作られる。または, 客層のイメージにむけたコンセプトが作られる。必ず連動しているため, そのメニューがどんな客層に, どのように食べられるのかを想定して, 料理のストーリーを考えながらメニュー開発をすることによって, 顧客の心に届くメニューになるのである。

(2) メニューの媒体

　内食のメニューを開発して, どこで, どのように公開されるのかは, 仕事を依頼するクライアントによって決まる。

●**メーカー**

メーカーの商品，例えば調味料や加工品，調理器具などを用いた新メニューの提案。

●**スーパー**

家庭料理のメニューは，スーパーの商品の生鮮食材や調味料などを使用した家庭料理，日々の献立の役に立つメニューとして利用される。広告チラシや冊子などが媒体としてある。

●**出版社**

料理のレシピ本として発表する場合は，出版社がクライアントとなる。

●**料理教室**

料理教室のオリジナルメニューとして作る場合は，教室運営側がクライアントになる。そのほか，自身で主催している教室があり，その中において披露する。人気の教室になると，書籍発表になることもある。

●**農業など一次産業**

現在は，六次化産業といって，農業や漁業従事者などの一次産業が，商品化するまでを担うこともある。その過程において，生産された素材を使用した新メニューをつくることによって，素材の活かし方を知り，購買動機につなげている。

●**テレビ，ラジオ，新聞，動画，ネットを通じた媒体**

テレビや新聞などの料理特集のほか，現在は，YouTube やレシピ動画などオンラインにおける発表の場が広がり，誰でもオリジナルメニューを投稿できる。その中で，本当においしいものを扱っているサイトや番組などは評価が高い。

●その他

各種食品関連イベント，行事，冊子など。

事例　サブスクリプションによる食品の宅配事業サービス

近年は，サブスクリプションによる提供方法もある。サブスクリプションとは，料金を支払うことで，製品やサービスを一定期間利用することができる形式のビジネスモデルのことをいう。書籍の「予約購読」や「定期購読」から始まったとされるが，現在はさまざまな製品やサービスに使用されている。

月額利用料を支払うことで，厳選された食材や便利な手料理キットを宅配で届ける食品宅配専門企業もある。中食と内食の両方の要素を取り入れた手法である。

---

4 メニュー戦略

内食メニュー開発においては，依頼してくるクライアントのコンセプトをよく理解し，そのコンセプトに合ったメニューのコンセプトを決めていくことが基本となる。または，自身のコンセプトがあり，それに基づくメニューを作り出版するなど，メニュー開発者から発信されたメニューもある。

例えば，「体に良いものを毎日食べる」をコンセプトにした通信販売の企業に対するレシピ開発の場合は，その店で購入する顧客も，健康に気遣い安心感のある食品を食べたい，買いたいと思う人

である確率が高い。常に,「買う人」「作る人」「食べる人」の気持ちにたって,メニューは考えられるべきである。決して主観的価値で作ってはいけない。食は,心ととても強い関係性がある。相手の心に触れながら,客観的なメニューを作ることが大切なのである。

　いずれにしても,メニューを作る場合は,5W1Hを念頭にしてコンセプトを考えると良いだろう。

① どんな客層に届けたいのか

　内食の場合は,外食と中食にはない「作り手」になる人が対象のお客様になる。そのため,第一にその料理を作る人のイメージをもって,メニューは作られなければならない。また,調理をする人と,食べる人が異なる場合も想定し,実際にその料理を食べる人もイメージする必要がある。

② いつ食べるメニューを作るのか

　・1日のうちのどの時間帯のメニューなのか。
　・土日なのか平日なのか。
　・季節限定なのか。
　・毎日のものか,イベント・催事の時期のものか。
　などを想定する。

③ どんな提供方法,媒体なのか

　コンセプトの決定時期や主導はそれぞれである。例えば,料理番組でオリジナルメニューを紹介する場合,大抵は,番組サイドからのオファーがあり,「どんなコンセプトでどんなメニューを考案し

てもらいたい」といった要望が番組側から依頼される。その依頼に基づいてオリジナルメニューを提案することが多い。

いっぽうで，自身のオリジナルメニューを提供する番組のレギュラーをもっていて，次回のメニューを番組側へ自ら提案し，打ち合わせを経て決定する場合もある。その場合は，コンセプトも含めて自ら提案することもある。

④　どんな見せ方にするのか

見せ方とは，内食の場合は，盛り付けや，食器やテーブルクロスなどの料理周りの道具や小物などの選定，カメラワークなどのことをいう。

例えば，「春の朝食」を演出するメニューにする場合，テーブルクロスの色をビビッドな赤ワイン色にすることはほとんどないだろう。春色のイメージに近い淡いピンクや薄い黄色などがイメージしやすい。

スーパーのチラシになるメニューや，メーカーの商品を用いたメニューなどを作る場合は，料理画像を撮る際に，食器やテーブルクロスなどに重点を置くことは少ない。なぜならば，料理そのものを目立たせることが優先されるからである。

メニューを提供する方法やクライアントによって，メニューの見せ方は大いに変わってくる。このような要素を確認しながら，メニューのコンセプトを考案していく。

そして，どうしたら，お客様に満足してもらえるメニューになるのか，という視点にたち，具体的なメニューをイメージしていく。これは，外食，中食，内食すべてに共通する。

150

図表 25　内食メニューのコンセプト考案

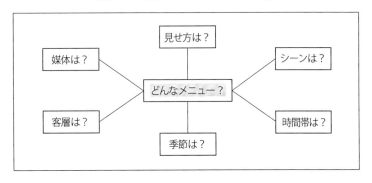

図表 26　内食メニューイメージの考案

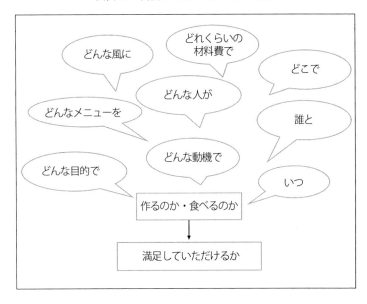

（1）家庭料理におけるメニューのカテゴリー分類

　家庭料理のメニューは，メインディッシュにあたる主菜，サブメニューとなる副菜と副副菜，主食，汁物で基本的に構成される。そのほか，アルコールのつまみ類，デザート，飲料などに分類されるだろう。飲食店にあるような限定メニューは乏しく，メニューの種類を明確に意識して開発することは少ない。飲食業界が用いる用語を用いた分類というよりは，一般消費者が普段用いる用語によって分類イメージを作るほうが主流となる。

　すなわち，下記のような表現の違いがある。

外食：メインディッシュ	×	内食：本日のおかず
外食：朝食	×	内食：楽しい朝ごはん
外食：デザート	×	内食：10分で作る簡単スイーツ
外食：前菜	×	内食：とっさの時の最強おつまみ

（2）立地と価格帯の関係

●どこで食材を買うのか

　スーパー，路面店など実際に出向いて買う場所と，通信販売，デリバリーなど家にいながらにして買う方法といった，買う場所や店舗がすなわち「立地」といえるかもしれない。その立地の特徴や客層を踏まえていくと，おのずと適正な価格帯が見えてくる。

　近年，通信販売やデリバリーなどは特徴やコンセプトが細分化している。そのため，企業の個性に見合ったメニューであることは言うまでもない。その個性を愛して購入する顧客に対応した価格帯であることが求められる。

　例えば，「体に良いものを毎日たべる」通販専門店に提供するレシピの場合，主たる客層は，「健康を意識した人」，「安心できる食

品を購入したい人」である確率が高い。そのようなコンセプトに沿うメニューにすることが必須となる。さらに，そのような顧客であっても，

a)「健康的な料理や食品であれば，価格は気にしない」
b)「健康的な料理や食品であっても，安価であってほしい」

というように，企業の個性の違いによって，顧客の意向も異なる。

さらに，b)の中でも，顧客の考える「安価」の範囲も異なる。また，どの食品には金額をかけられるが，この分野の食品にはかけられない，というように，商品のカテゴリーの個性も出る。そのあたりも考慮して，料理の価格，その料理を作るのに必要な原材料の価格帯を決めていかなくてはならない。

（3）主たる客層

特に家庭料理（内食）のメニューを作る場合は，

・作る人を主たる客層にするのか
・食べる人を主たる客層にするのか

のどちらかによって，適したメニューも変わってくるといえる。

例えば，「サンドイッチ」をメニュー例にしてみよう。作る人をターゲットにした場合，その人物は，

「料理が得意な人なのか」

「料理の初心者なのか」

「ヘルシー志向の人なのか」

「ボリュームのある料理が好きなのか」

「毎朝作る時間があるのか」

「身近な食材で作るオーソドックスなサンドイッチを作りたいのか」

「珍しい食材や味付けのサンドイッチにしたいのか」

「パーティで食べられるメニューを作りたいのか」

「ランチに持参するサンドイッチにしたいのか」

など，作り手の背景によっても，選ぶ食材から調味料，パンの種類やどこで売っているパンや材料を使うのか，などのすべてが変わり，作られるべきサンドイッチは変わってくる。

　もしも「珍しい食材や味付けのサンドイッチを作りたい」人が作るのだが，「昔ながらのホッとするサンドイッチが好き」な人がそれを食べる場合はどうなるだろうか。作り手の意向に合わせてしまうと，言うまでもなく食べる側の満足にはつながりにくい。いっぽう，昔ながらのサンドイッチを求める食べる側をターゲットにしてメニューを開発したとして，作り手にその必要性を伝えなければ，新しさを求める作り手にとっては「オーソドックスなサンドイッチを作りたい」という欲求は芽生えにくい。

　この場合，主たる客層を外食同様，下記のように分類して考えてみよう。このとき，食べるタイミングや場所についても視野にいれて客層を考えられると良いだろう。

　外食の場合，食べる場所は店舗内に限られている。しかし，家庭内の食事は主に家の中，またはピクニックなどの屋外など，1か所に定まってはいない。そのため，例えば「小学生の子供のいる家庭」をターゲットにメニューを作った場合も，家で食べることを想定しているのか，それともお弁当にしたときにおいしい料理を想定

するのか，など食べる場所によってもふさわしいサンドイッチは変わってくる。

　お弁当として持参するサンドイッチの場合は，調理時間と食べる時間に時間差が生じている。そのため，例えばトーストされた食パンで作られたサンドイッチであれば，冷めるとパンが硬くなってしまう可能性が高い。また，ピクニックなどテーブルがない場合には，食べやすさも視野に入れる。

① 　内食（家庭料理）のメニュー作りの需要と供給について

　「メニュー開発を依頼された側」「メニューを依頼した側」の関係だけでなく，内食（家庭料理）の場合は，その開発されたメニューを「作る側」と「食べる側」の関係も「人気メニューにする」ためには重要である。

　商品が売れるためには，需要と供給のマッチングが大事だといわれている。内食にも「メニュー開発を依頼された側」と「メニューを依頼した側」の需要と供給に加えて，「作る側」と「食べる側」の需要と供給があるのは，外食と同様なのだが，内食の場合は，その関係性は数字には出しにくいという特性がある。また，作り手と食べ手が同一の人物という場合も多い。

　このような内食の客層の個性も見極めながら，作り手と食べ手の双方が満足するメニューを考えていくことが求められるのである。

② 　家庭料理をつくる場合の客層例

　例えば，「サンドイッチ」を作るとする。

　サンドイッチのコンセプトは「食べやすいサンドイッチ」だった

と想定しよう。子供が食べやすいサンドイッチと，高齢者が食べやすいサンドイッチでは，同じ「食べやすい」というキーワードでも，その中身は変わる。

　子供の食べやすさとは，大口を開けなくても良い大きさだったり，馴染みやすくあまり刺激のない味つけなどが食べやすいと思われやすい。いっぽう高齢者が食べやすいサンドイッチを作る場合は，やはり大口をあけなくても良くて，噛みにくいものは避け，油脂が多すぎないなどを考慮しつつ旨味のあるサンドイッチなどは，食べやすい印象になりやすいだろう。

【客層分類】

●年　齢
ライフステージによって，食べたい料理，食べ馴染んだ料理は異なる。

●性　別
男性に PR するのか，女性に PR するのか。

●家族構成
一人暮らし，ファミリー，2世代などでアプローチは異なる。

●職　業
早朝出勤の場合，土日休日など。

●年　収
メニューの個性に連動。

●価値観
手作り料理に対する価値観。

●ライフスタイル

ライフスタイルにおける飲食の位置づけ。

●飲食をする動機

どんな状態，どんな気持ちのときに料理をつくるのか。

5 メニュー制作

実際に，メニューを作ってみよう。雑誌の企画で，若者が食べたくなるような魚を使用したメニューを2品作る。内食では，大半はレシピ制作がある。

規定：魚は1品ずつ違う種類とすること。1品は白身魚とすること。
　　　一般的なスーパーで購入可能な材料で作ること。
　　　なぜ，若者に訴求するのか，その理由も書くこと。

① ネーミング

食べたくなる，思わず作りたくなる，シンプルでわかりやすいネーミングが好ましい。

② 材料（2人前）

材料，分量（重さ，大きさ）などを記載する。食材の切り方まで記載する場合もある。

③ 調理手順

調理工程が多くないほうが好まれる傾向にある。しかしながら，料理をおいしくさせ，完成度を高める上で外せないポイントはきちんと記載する。

箇条書きで，番号を振り，わかりやすく説明する。

④　仕入れ価格（1人前）

基本の調味料は自宅にあるものと想定し，仕入れ価格に加えない。

作り手が1人前を作るにあたり，いくらかかるのかを目途とする。仕入れ価格は不要な場合も多い。

⑤　絵コンテ・画像

絵コンテとは，いわゆるイラストのことで，画像を撮れないレシピなどに用いられたり，画像よりシンプルで説明文も入れやすいため，作成することがある。料理の全体像や，断面などがわかるように描くことが求められる。

また，調理工程を絵コンテに描く場合もある。

画像は，雑誌の場合は，カメラマンが撮影することがほとんどだが，その撮影現場に立ち会い，イメージを共に話し合う。または，カメラワークの指示などをメニュー開発者が行うこともある。雑誌の場合の画像は，料理周りのテーブルコーディネートの見せ方も大切な要素となるが，メニュー開発者がそのコーディネートも行う場合と，コーディネートは行わず，あくまでもレシピ提出まで請け負う場合のいずれもある。

⑥　料理の説明

どんな料理なのか，どういった点がこの料理の良いところなのか，といった料理の概要やコンセプト，PRポイントなどを記載する。料理を実際に作る人が気分を高めて料理を作りたくなるような

記述，感動をさせる内容が望ましい。その料理の特徴やコンセプト，ストーリーなどが含まれるため，雑誌に深みを与える要素でもあり，非常に大切である。

レシピ例

ネーミング（料理名）
材料（2人前）
調理手順
仕入れ価格（1人前）
絵コンテ・画像
料理の説明

Chapter 8 メニューにみる食の安心・安全

1 食の「安心」「安全」とは

　食は，人間にとって，生命維持に欠かすことができないものである。私たちは，生命をつなぐためには，その摂り方に違いはあったとしても，エネルギーを体内に入れ続ける必要がある。主には「食べ物」として口から摂取する。そのため，食が人間にとって安全なものであることは大前提でなくてはならない。フードビジネスに携わるすべての企業や店舗は，安全な食べ物を提供することが常識だと考えなくてはならない。

　しかしながら，安全な食べ物を提供することが前提であるにもかかわらず，その実現は困難なことも多い。また，100％安全な食というものは，現代においては存在せず，その提供は不可能といっても良いだろう。なぜならば，食には必ずなにかしらの「安全ではない」要素が存在するのである。

　もしも「100％安全」とされる食があったとしても，それは体に取り入れる前のことである。食べて体に取り入れてからは，体内で消化吸収されていく。その過程で，胃腸に負担がかかることはいうまでもない。しかし，リスクが伴ったとしても，食は提供されなくてはならないのである。

　いっぽうで，「100％危険」な食も，現状としては存在しないとい

えるだろう。食の利点は多く存在する。生命維持のほか，身体を丈夫にし，健康を促進させ，幸福感をもたらし，美しいと感じさせることもある。私たちの人生に喜びを与えてくれるのである。

このように，私たちは「食を体内に入れないと生命維持ができない」という事実を受け止め，食がもっている利点と欠点の両面の折り合いをつけながら，食を選択し，食べ続けているのである。

メニュー開発をするにあたり，できる限り「安全」であるべき食の大前提に近づける努力をすることが大切なのである。

食の「安全」「安心」はたびたびセットで表現され混同されやすいが，安全と安心は異なる。

安全は，基本的には科学的に立証され，客観的に認証された，人間に害がない状態を示すと考えられる。いっぽうで，安心は「安心感」とも表現されるように，人間の感覚や心の捉え方の問題である。個人の考えが基本となり，食べても害がないと思われるもの，食べても問題ないと感じるものが，安心な食べ物となる。いわばその食べ物への信頼感なのだといえる。

そのため，たとえ「安全ではない」食品，「害のある」食品だとしても，食べる側がそのように認識していなければ，「安心」な食品として食べることが可能なのである。なぜ，その食品が「安心」な食品として受け止められたかといえば，その食品の情報を得ていないから，または，情報を得ているが食べる側の心がその情報を排除しているから，ということなのである。そのため，食の安心は情報の公開・提供・危機管理の方策などによってもたらされる傾向が強いいっぽうで，その情報に対する個人の価値観や感覚が影響を及ぼすといえる。

　同様に，たとえ「安全」といわれる食品だとしても，食べる側がその食品に対して信頼感をもっていない場合，もしくは「危険」と感じてしまえば，それは当事者にとっては「安心」できない食品となる。信頼があれば，安心につながり，信頼がなければ，安心は得られない。すなわち，食を提供する側と食べる側の信頼関係は，食の「安心」「安全」を推し進める上で大変重要なのだといえるだろう。

　また，メニュー開発をするにあたり，メニューを依頼した企業や店舗，出版社，メディア関連企業といった，クライアントを信頼し，クライアントからも信頼を得ることが，良いメニューを作るにあたり必要ともいえる。そうでなければ，食べる側から信頼を得ることはできないだろう。

　食べる側である消費者の食に関する志向はどのようになっているのだろうか。日本政策金融公庫（略称：日本公庫）農林水産事業は，消費者動向調査（2020年7月調査）を実施し，「食に関する志向」と「コロナ下での食品購入方法や調理時間・回数の変化」について調査している。調査時期が2020年7月であるため，世界で新型コロナウイルス感染症の拡大のため，国家間の人の往来の規制を経験した時期である。そのため，外食をしにくい状況を経験したうえでの結果となっている。2020年を契機として，食の志向や食生活は変わる可能性が高いといわれている。

　食の志向は，前回の調査と同様に「健康志向」「経済性志向」「簡便化志向」が3大志向となった。これは，以前から同調査では変わらない結果となっている。ただし，3大志向の動きは，「健康志向」（39.7％，前回比▲1.3ポイント）の低下が続き，「経済性志向」（37.7％，前回比＋2.1ポイント）は上昇，上昇傾向にあった「簡便化

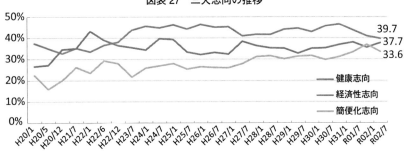

図表 27　三大志向の推移

出所：日本政策金融公庫「食の志向ほぼ全世代で経済性志向が上昇」2020 年 8 月 5 日。

志向」（33.6％，前回比▲ 3.3 ポイント）は低下に転じた。これは，自宅での食事の回数が増える中で，家族のあり方を見直し，手作りにより工夫して家計をやりくりしたり，家庭内の食事に楽しさを見出すなどの傾向があったためと考えられるだろう。　3 大志向のうち，唯一上昇の動きとなった「経済性志向」は，70 代を除く全世代での上昇が確認された。

　また，食料品を購入するときに「国産品かどうかを気にかける」は，74.0％で横ばいで推移となった。さらに，年代が高くなるほど国産品かどうかを「気にかける」割合が高くなる傾向となった。

　新型コロナウイルス感染症の拡大を受けて，25.8％の消費者が「食品の購入方法に変化が生じた」と回答している。　利用が増加した購入方法として，最も多いのが「インターネット購入」（38.0％）で，次いで「量販店・スーパー」（29.1％），「テイクアウト」（27.3％）となっている。「インターネット購入」，「テイクアウトでの購入」が増加した人の 6 ～ 7 割がその購入方法の印象を「悪くない」と回答しており，調理をする時間・回数が増えた人のうち，6

図表 28　自宅での調理時間や回数の変化

	調理をする時間・回数が増えた	調理をする時間・回数が減った	調理をする時間・回数は変わらない	調理はほとんどしない
全体	32.9	2.6	48.4	16.2
男性	23.3	2.7	46.9	27.1
女性	42.4	2.5	49.8	5.3
女性20代	43.7	3.0	38.5	14.8
女性30代	46.7	4.1	39.6	9.5
女性40代	53.9	1.0	43.5	1.6
女性50代	41.1	4.3	50.3	4.3
女性60代	34.6	2.6	61.8	1.0
女性70代	32.9	0.0	63.8	3.4

調査時期 令和 2 年 7 月 1 日
調査方法 インターネットによるアンケート調査
調査対象 全国の 20 歳代～ 70 歳代の男女 2,000 人（男女各 1,000 人）
出所：日本政策金融公庫「食の志向ほぼ全世代で経済性志向が上昇」2020 年 8 月 5 日。

割超が今後の見通しを「このまま続くだろうと思う」と回答し，「元に戻る」は約 2 割となった。このことからも，インターネットの利用やテイクアウトといった食品の購入方法は今後も安定する可能性があるだろう。

　さらに，調理時間においては，全体の約 3 割が「調理をする時間・回数が増えた」と回答している。中でも女性の約 4 割，特に 40 代女性の約 5 割で調理時間・回数が増加している。

　こうした調査結果をみた限りでは，自ら料理をし，手作りの料理を食べることで，消費者は「安心」「安全」であると感じやすくなり，満足度を高くさせていると考えられるだろう。

2　食品中の有害成分

　食品の中に混入したり，もともと含まれていたり，付着していた

りする有害成分にはどのようなものがあるのだろうか。区分すると，次のようになる。

① 食品成分そのものが有害なものとして，もともと動物・植物に含まれる有害成分の自然毒や，環境中の有害成分が食物連鎖や生物濃縮を通して食用の動・植物に蓄積したもの。

図表29　食品中の有害成分

混入の背景	有害成分分類	有害成分種類
食品の成分	自然毒	キノコ毒，貝類毒，フグ毒など
	環境中から食品成分へ	有機水銀，カドミウム，放射性物質など
食品表面汚染	農薬・放射性物質など	
	有害微生物	腸炎ビブリオ，サルモネラ菌など
	微生物の毒素	ボツリヌス毒素，大腸菌O‐157，エンテロトキシンなど
食品製造・輸送時に誤入		ヒ素入り粉ミルク，PCB入り米ぬか油など
調理・加工時に生成		発がん性物質（ニトロソアミン，アミノ酸分解物）など
食品に添加した物質		一部の食品添加物

② 食品が有害な微生物に汚染されて，それが輸送や貯蔵時に条件が揃うことで増殖したり，毒素をつくる場合など。

③ 製造・輸送時に混入したもの。

④ 調理・加工中に食品成分間の化学的反応で生じたもの。

⑤ 人為的に添加した人的食品添加物の中で，有害性が疑われているもの。

などがある。

3　衛生微生物

　衛生微生物とは，人間や動物の体内に侵入して病理性を発揮する微生物のことをいう。微生物には，ウイルス，細菌，カビなどが含まれる。微生物の増殖は，種類によって繁殖の時間や増殖する条件が異なるが，その微生物が好む環境が整うことによって盛んとなる。

　細菌の増殖は，分裂増殖であり，菌体1つが2つに分裂し，それが再び分裂して倍々に増殖していく。条件が揃った場合には，10〜30分に1回の割合で分裂増殖が行われる。多くの細菌やカビは食品中において増殖を行うが，ウイルスは生体内でしか増殖できない。

　仮に10分に1回分裂する微生物が1つ付着したとすると，10分後には2つ，60分後には64つ，5時間後には約10億にまで増殖する計算となる。

【細菌の分裂速度】

適温下において，食中毒菌の1回の分裂にどれだけの時間がかかるか。目安として，

腸炎ビブリオ：9分　　　サルモネラ菌：18分

腸管出血性大腸菌：18分　黄色ブドウ球菌：24分

カンピロバクター：48分

多くの細菌やカビが好む増殖の条件には，次のようなものがある。

（1）水　分

風呂場など湿気のある場所にカビが生えやすいとされるのは，水分が関わるためである。微生物の菌体にはそもそも75〜85％の水分が含まれており，その増殖に水分は重要な役割を果たしている。食品においては，野菜や魚介類などを乾燥させることで貯蔵性が高まり，長期の保存が可能になる。一般的には水分を多く含む食品には微生物が繁殖しやすいため，古くから，腐敗防止をし，旬の季節にない時期にも多くの種類の食材を食べられるようにする知恵として使われている。

また，食品は糖分や塩分を添加し溶解させることで貯蔵性を高めることが可能であるが，これは，食品の中の水分が糖分や塩分と結びつくことによって，微生物が食品の水分を利用しにくくなることを利用したためである。

一般的に水分活性を0.5Aw以下に抑えることで，ほとんどの微生物の増殖を抑制することができる。水分活性とは，食品中の，微生物が利用できる水分（自由水）の割合のこと（water activity：Aw）である。

考えて
みよう！

乾燥させることで保存性を高めた食品にはどんな
ものがあるか。また，その食品を利用する際には，
どのように利用しているか。
　①糖分，②塩分，③糖分と塩分を加えることで保
存性を高めた食品を，①②③それぞれ挙げてみよう。

（2）温　度

　微生物の増殖は温度にも関わりが深い。微生物が好む温度は種類
によって異なるが，食中毒や経口伝染病などの病原菌の大部分は，
至適増殖温度 20 〜 40℃である。つまり，私たち人間の体温に近い
温度帯で増殖を活発化させるのである。ただし，低温で増殖が盛ん
になる微生物も存在する。

（3）栄養素

　微生物も生物であるから，増殖するためには適度な栄養素が必要
である。窒素源（アミノ酸），炭素源（糖類），ミネラル，ビタミン類
が主な栄養素である。食品や残菜，有機物汚れは細菌の栄養となる
ため，調理器具類についた食品や汚れも細菌の栄養となる。高タン
パク質の食品は，微生物にとって活発化しやすい環境であることが
多い。

（4）水素イオン濃度（pH）

　一般的には，微生物は中性（pH7）または弱アルカリ性を好み，
酸性では増殖が阻害される。しかし，かなりの酸性でも増殖できる

ものもある。

（5）酸　素

　酸素は，微生物の種類によって，必要な微生物と必要としない微生物に分かれる。
●好気性菌：酸素が絶対必要
●偏性嫌気性菌：酸素をまったく必要としない
●通性嫌気性菌：酸素の有無に関係しないが，酸素の少ない状態
　　　　　　　　でも増殖できる

4　食品の腐敗

　食べ物を放置しておくと，時間を追うごとにその外観や中身に変化が生じて，やがて食用には適さない状態になる。一般的にこのような食品の変化を食品の「変質」という。
　変質のうち，微生物が食べ物の中で増殖し，食べ物の成分が分解されることを「腐敗」という。一般的には，腐敗は，たんぱく質が分解されて有害な物質を生成する場合を指し，微生物の働きによらずに炭水化物や脂肪が分解されて食用に適さなくなることを「変敗」という。例えば，老化，油脂類の酸化，褐変現象などがあげられる。これらは主に空気中の酸素や紫外線のはたらきによるものである。広義では，変敗は腐敗も含める。
　変敗を防ぐためには，温度を低く下げて，水分を減らし，酸素濃

図表30　腐敗現象

状態	現象	原因となる微生物	おもな原因食品
着色	菌体内に色素を持っている微生物が生育した時に，その食品自体に色が現れる（カビが生育した時の着色も含む）。	微生物全般	ハム・ソーセージ，パン・菓子類，タマゴ惣菜
異臭	微生物が生育した時に，代謝産物として臭いのある物質を作る。嫌悪を感じる臭いから，甘い臭い，アルコールに類似した臭いなどさまざま。	バチルス属，乳酸菌，酵母	食品全般
ネト	食品中の糖から粘り状の物質（ネト）が生成され，食品に粘りが出る。粘り状の物質は主に「デキストラン」で，透明で臭いがないのが特徴。	乳酸菌	かまぼこ
ネト	食品中のたん白質，アミノ酸類から粘性物質が生成される。臭いがあり上記のネトに比べて粘性が高い。	バチルス属	肉加工品
軟化	微生物が食品内部に侵入して，食品の組織を分解する。	バチルス属	かまぼこ
膨張	主に酵母が起こす現象であり，包装が膨らみ，ひどいときは破裂する。パンを製造する時に酵母が二酸化炭素を出して生地を膨らませるのと同じ現象。	乳酸菌，酵母	漬物，洋菓子
カビ発生	カビが目で確認できるほど生育した状態。	カビ	餅，パン・菓子類

出所：『食品微生物学ハンドブック』。

度を低く保つことが条件にあげられる。

　同じように微生物によって食べ物の成分が変質する場合でも，人間にとって有効な場合は，「発酵」と呼ばれる。発酵食品は，腸の調子を整えるなどの効果が期待でき，「健康に良い」というイメージが多く見受けられる。味噌や醬油，ヨーグルトなどは，微生物の助けをもらい，原材料である大豆や乳の成分を変質させて作られている。

5 食品衛生対策

　食品を購入，または仕入れる時点で相当高い温度で入ってきていないか，また，入荷後に常温で放置していないか，確認する。購入，または仕入れた後には適切な温度で管理し，食品によっては速やかに冷蔵または冷凍をすることが基本である。

　調理の過程における食品衛生の基本は，①清潔を保つことで「細菌をつけない」，②迅速に処置する，冷却することで細菌を増やさない，③加熱により細菌を殺すの3つである。①から③まで段階を踏んで衛生管理を行う場合と，段階を踏まず直接働きかける場合がある。

① 細菌をつけない（清潔）

　中毒を起こす細菌は，魚や肉，野菜などの食材についていることがあり，この食中毒菌が手指や調理器具などを介して他の食品を汚染し，食中毒の原因となることがある。まずは，食品調理施設の清潔を心がけることである。施設の位置，構造・配置，内部構造，付帯設備などについては，各都道府県の食品衛生法施行細目として定められている。

　そして，手指や器具類の洗浄・消毒を行い，食品を区分け保管したり，調理器具を用途別に使い分けたりすることなどが必要となる。食品を取り扱う装置や容器，器具などの洗浄や消毒をしっかりと行うことが必要である。

　洗浄については，水洗い，温水洗い，洗剤による洗浄，温水・清

水によるすすぎの順に行う。消毒については熱による殺菌，殺菌剤による消毒，紫外線による殺菌などが主である。

　また，調理師の衛生管理に関しては，手洗いの徹底，身だしなみ（服装，爪，髪の毛，アクセサリー，化粧）などの管理の徹底をする。

② 細菌を増やさない（迅速・急冷）

　食品に食中毒菌がついてしまっても，食中毒をおこす菌量まで増えなければ，食中毒にはならない。食品についた菌は，時間の経過とともに増える。このため，調理は迅速にし，調理後は早く消化する（食べる）ことが重要である。また，細菌は通常，10℃以下では増えにくくなるため，迅速に10℃以下に冷却保存する。

③ 細菌を殺す（加熱・殺菌）

　一般的に，食中毒を起こす細菌は熱に弱く，食品に細菌がついていても加熱すればするほど死ぬ確率が高い。食品を加熱調理することは，加熱によって食品を安全な状態にすることにつながる。しかしながら，加熱が不十分で食中毒菌が生き残り，食中毒が発生する例が多いので，注意する。

　食品の中心温度が75℃に達して1分以上加熱調理することで，多くの細菌や寄生虫卵は滅殺される。実際には食品の大きさ，性質などの違いにより熱の伝わり方や効果は異なるため，一律には断定できかねる。また，調理器具は洗浄した後，熱湯や塩素剤などで消毒することも有効である。

6 食中毒

　人間が飲食物を摂取することによって生まれるリスクはさまざま
ある。食中毒もその1つで，かねてより，外食産業において，ま
た，家庭の中において食中毒は毎年起きており，特に外食や中食，
企業の商品で発生する場合，企業ブランドへの信頼をゆるがしかね
ない。メニューを作るにあたっては，食中毒の予防を常に心がけな
くてはならない。

　食中毒とは，有害な微生物，化学物質，自然毒などが付着した食
品などを摂取して起こる嘔吐・下痢・発熱等といった健康被害のこ
とをいい，時には命を落とすこともある。

　食中毒の原因としては，細菌，ウイルス，自然毒，化学物質，寄
生虫などがあり，食べてから症状が出るまでの期間やその症状，ま
た予防方法もそれぞれ異なる。病因物質が判明した食中毒の90%
以上が細菌性のものである。

　食中毒は，毎年7〜9月にかけて多く発生し，事件数では例年8
〜9月がピークである。日本で夏から秋口にかけて食中毒がピーク
になるのは，高温多湿な夏の気候に関係があると考えられる。ま
た，夏の終わりに起こる背景として，いわゆる夏バテによる体力の
低下や免疫力の衰えが，細菌性食中毒の多発に関係すると考えられ
る。

（1）食中毒の分類

　細菌性食中毒の原因となる細菌はさまざまで，発生の仕方により

図表 31　食中毒の分類

細菌性食中毒	感染型	カンピロバクター，サルモネラ，腸炎ビブリオなど
	食品内毒素型	黄色ブドウ球菌，ボツリヌス菌，セレウス菌（嘔吐型）など
	生体内毒素型	腸管出血性大腸菌（「O-157」といわれるもの），ウェルシュ菌，セレウス菌（下痢型）など
ウイルス性食中毒		ノロウイルス，その他ウイルス
化学物質による食中毒		水銀，カドミウム，PCBなど
自然毒による食中毒	植物性食中毒	動物性食中毒
	カビ毒，毒キノコなど	フグ毒，貝毒など

出所：厚生労働省 HP をもとに作成。

大きく感染型と食品内毒素型と生体内毒素型に区別される。最近では，感染型の一部がさらに生体内毒素型として分類されるようになっている。食品中で一定菌数以上に増殖した細菌を食品と共に摂食し，胃酸のバリアーを通過して，腸管の表面に定着し感染して食中毒を起こす感染型，食品中で細菌が増殖する際に産生した毒素を食品と共に摂取することで食中毒を起こす食品内毒素型，摂取した細菌が腸管内で増殖し毒素を産生して食中毒を起こす生体内毒素型である。

●感染型・・・食品中で増殖した細菌が飲食物とともに摂取され,腸内に定着後,上皮細胞に侵入して発症する。サルモネラ,カンピロバクター,組織侵入性大腸菌(EIEC)など。

●毒素型(食品内毒素型)・・・食品中で細菌が増殖する間に産生された毒素によって発症する。黄色ブドウ球菌,ボツリヌス菌,嘔吐型セレウス菌など。

●生体内毒素型・・・腸内で増殖する際に産生された毒素によって発症する。腸炎ビブリオ,ウエルシュ菌,毒素原性大腸菌(ETEC),腸管出血性大腸菌(EHEC),下痢型セレウス菌など。

　動物性自然毒として例に挙がるフグの毒は,テトロドキシンという死亡する可能性もある猛毒である。フグの取り扱いについては,通知「フグの衛生確保について」(厚生省環境衛生局長通知及び環境衛生局乳肉衛生課長通知)によって定められている。フグの調理には免許が必要である。

　2018 年食中毒発生状況(厚生労働省医薬・生活衛生局食品監視安全課による)によれば,原因食品の判明したものは,事件数 1,119 件(84.1%),患者数 15,867 人(91.8%)となっている。

　そのうち,原因食品別の事件数を見ると,魚介類(414 件,31.1%),複合調理食品(77 件,5.8%),肉類及びその加工品(65 件,4.9%)の順で多い(「その他」を除く。以下この項において同じ)。また,原因食品別の患者数は,複合調理食品(2,124 人,12.3%),次いで魚

介類（1,209 人, 7.0%），肉類及びその加工品（451 人, 2.6%）の順で多かったとしている。

　原因施設別の事件数は，例年最も多いのが飲食店であり，2018年の調べでは 722 件（54.3%），次いで家庭（163 件, 12.3%），販売店（106 件, 8.0%）となっている。また，原因施設別の患者数は，飲食店（8,580 人, 49.6%），仕出屋（2,682 人, 15.5%），事業場（1,959 人, 11.3%）の順で多かった。

　鮮度が良い食材を用いたとしても，保存方法が悪い場合は，食中毒は起こり得る。また，加熱調理をすれば防げた場合とそうでない場合もある。さらに，食べる側のもともとの体調や免疫力によっても，食中毒に似た症状になり得るのである。提供側が気をつけるとともに，消費側も注意しなくてはならない。

　厚生労働省は，調理してからお客様が食べるまでの時間が長く，気温の高い時期は，特に食中毒のリスクが高まるとして，新たにテイクアウトやデリバリーを始めた飲食店に対し，次のような注意を促すリーフレットを作成している。

●テイクアウトやデリバリーに適したメニュー，容器ですか？

✓鮮魚介類など生ものの提供は避けましょう

✓水分を切る，よく煮詰める，浅い容器に小分けするなど傷みにくい工夫をしましょう

●お店の規模や調理能力に見合った提供数になっていますか？

✓注文を受けてから調理するなど，食べられるまでの時間を短くする工夫をしましょう

✓容器詰めは，清潔な場所で行いましょう

●加熱が必要な食品は，中心部まで十分に加熱していますか？

✓ "半熟" 卵や "レア" なお肉の提供は，テイクアウト・デリバリーでは控えましょう

●保冷剤，クーラーボックス，冷蔵庫，温蔵庫などを活用していますか？

✓ 調理した食品は速やかに 10℃以下まで冷ますか，65℃以上で保管しましょう

✓ 食中毒菌は，20～50℃の温度帯でよく増えます！

●速やかに食べるよう，お客さんにお知らせしていますか？

✓ 購入した食品は速やかに食べるよう，口頭で，または容器にシールを貼るなどして，お客さんに伝えましょう。

　厚生労働省では，「食品等事業者が実施すべき管理運営基準に関する指針」（2014年10月）の「第2　食品取扱施設等における衛生管理の6　食品等の取扱い」において，下記のように指針を掲げている。

（1）原材料の仕入に当たっては，適切な管理が行われたものを仕入れ，衛生上の観点から品質，鮮度，表示等について点検し，点検状況を記録するよう努めること。また，原材料に寄生虫，病原微生物，農薬，動物用医薬品，有毒物，腐敗物，変敗物又は異物を含むことが明らかな場合であって，通常の加工，調理等ではこれらが許容できる水準まで死滅又は除去されない場合は，当該原材料を受け入れないこと。

（2）原材料として使用する食品は，適切なものを選択し，必要に応じて前処理を行ったのち，加工に供すること。保存に

当たっては，当該食品に適した状態及び方法で行うこと。

（3）冷蔵庫（室）内では，相互汚染が生じないよう，区画して保存すること。

（4）添加物を使用する場合には，正確に秤量し，適正に使用すること。

（5）食品の製造，加工又は調理において，病原微生物その他の微生物及びそれらの毒素が，完全に又は安全な量まで死滅又は除去されていること。

（6）食品は，当該品の特性（水分活性，pH，微生物による汚染状況），消費期限又は賞味期限，製造加工の方法，包装形態，生食用や加熱加工用等の使用方法等に応じて冷蔵保存する等，調理，製造，保管，運搬，販売等の各過程において時間及び温度の管理に十分配慮して衛生的に取り扱うこと。

（7）特に食品衛生に影響があると考えられる次の工程の管理に，十分配慮すること。① 冷却 ② 加熱 ③ 乾燥 ④ 添加物の使用 ⑤ 真空調理又はガス置換包装 ⑥ 放射線照射

（8）食品間の相互汚染を防止するため，次の点に配慮すること。
① 未加熱又は未加工の原材料は，そのまま摂取される食品と区分して取り扱うこと。② 製造，加工又は調理を行う区画へは当該区画で作業を行う食品取扱者以外の者が立ち入ることのないようにすること（ただし，当該食品取扱者以外の者の立入りによる食品等の汚染のおそれがない場合はこの限りでない）。また，これらの区域へ入る際には，必要に応じて，更衣室等を経由し，衛生的な作業着，履物への交換，手洗い等を行うこと。③ 食肉等の未加熱食品を取り扱った設

図表 32　微生物の食中毒早見表
〈食中毒の原因細菌・ウイルスとその感染経路及び予防対策〉

種　類	腸炎ビブリオ	サルモネラ	カンピロバクター	腸管出血性大腸菌	その他の病原性大腸菌	黄色ブドウ球菌
主な症状	腹痛 下痢 嘔吐 (又は嘔気) 発熱	発熱(長引く) 下痢(長引く) 腹痛 嘔気 (又は嘔気)	通常, 発熱などの前駆症状の後, 嘔気, 腹痛, 下痢 ギラン・バレー症候群又はフィッシャー症候群を起こすことがある	下痢 腹痛 (発熱, 嘔吐) 重症の場合 ・激しい腹痛 ・血便 ・溶血性尿毒症症候群 ・脳症	下痢 腹痛 嘔吐 発熱	嘔気 嘔吐 腹痛 下痢
潜伏期	普通10〜24時間程度(2,3時間という場合もある)	5〜72時間(平均12時間)	一般に2〜7日間, 平均2〜3日	平均3〜5日	12時間〜5日(ほとんどは72時間以内)	1〜5時間(平均3時間)
感染経路(所在・運び屋)	沿岸の海水及び海泥	動物 そ属昆虫	動物	ヒト, 動物の糞便		化膿した傷, 毛髪, 鼻腔, 手指, 乳房炎, 牛乳
原因となりやすい食品	海産魚介類	肉類 肉加工品 卵 卵加工品	食肉(特に鶏肉), 水	あらゆる食品が原因となりうる		弁当 おにぎり 生菓子等
予防対策	・魚介類の水洗い ・二次汚染の防止(包丁・まな板の使い分け, 冷蔵庫の区分など) ・低温保存 ・調理してから喫食するまでの時間を短縮する	・食品(特に肉類)の十分な加熱 ・ねずみ, ハエ, ゴキブリの駆除及び侵入防止 ・食品取扱者の検便とサルモネラ保菌者の発見 ・食品の低温保存, 食肉, 鶏卵などは生産直後から低温で流通させる ・手洗い	・鶏肉など食肉は中心部まで十分加熱する。 ・食肉から他の食品への接触を避ける ・食肉を取り扱った調理器具からの汚染を防止する。 ・飲料水(井戸水, 貯水槽)の塩素消毒の徹底	・手洗い ・器具の殺菌 ・十分な加熱(75℃1分以上) ・低温保存 ・ハエ, ゴキブリの駆除 ・使用水の衛生管理		・手洗い ・清潔な手袋, マスク, 帽子等の着用 ・器具類の殺菌 ・低温保存 ・手指に化膿傷のある場合は調理の際に気をつける
菌の性状	グラム陰性, 桿菌, べん毛あり, 好塩性	腸内細菌科, グラム陰性, 桿菌, 一般に周毛性	グラム陰性, 単毛性, 桿菌, 微好気性	腸内細菌科, グラム陰性, 桿菌, 周毛性 ベロ毒素産生		グラム陽性, 球菌, エンテロトキシン産生

出所：新潟県ホームページ　(https://www.pref.niigata.lg.jp/life/3/)

ウエルシュ菌	セレウス菌	ボツリヌス菌	赤痢菌	コレラ菌	ノロウイルス
腹部膨張 下痢 腹痛 放屁 (嘔吐なし)	下痢型: 下痢, 腹痛, 嘔気, 発熱 嘔吐型: 嘔気, 嘔吐, 腹痛, 下痢, 発熱	胃腸障害に始まり, 後に神経症状があらわれる(目がかすむ, 口唇のしびれ, 口の中の乾き, 食べ物を飲み込めなくなる, 呼吸困難等, 死亡例が多い)	腹痛 下痢 嘔吐 発熱 重症の場合しぶり腹を伴う頻回の便意と膿粘血の排泄(赤痢)	下痢 (軟便～水様) (重症の場合は「米のとぎ汁様」水様便) 嘔吐 脱水症状	下痢 嘔吐 腹痛 嘔気 発熱 (一般的に軽症)
多くの場合6～18時間(1～5時間, 30～48時間のこともある)	下痢型: 8～16時間 嘔吐型: 1～5時間 (平均2～3時間)	一般的に8～36時間(早くて5～6時間, 遅くて2～3日)	1～5日 (多くは3日以内)	通常1日前後(早くて3時間, 遅くて5日以内)	通常1～2日
ヒト, 動物の糞便, 土壌	土壌, 河川水, 植物等	土壌, 海泥, 河川泥, 魚類	ヒトの糞便	水, 魚介類, ヒトの糞便	生カキ, ハマグリ, ヒトの糞便, 水
煮物	米飯, 弁当, おにぎり	いずし ハム・ソーセージ類 缶詰食品	あらゆる食品が原因となりうる	あらゆる食品が原因となりうる(特に水, 魚介類)	あらゆる食品が原因となりうる(特に生カキ)
・通常の加熱調理では芽胞は死滅しない。 ・菌の増殖を防ぐことが重要→10～50度の温度に保存しない。調理後速やかに喫食する。 ・喫食直前に中心部までよく加熱し, 栄養型菌を死滅させる。	・食品への汚染を完全に防ぐことは困難 ・通常の加熱調理では芽胞は死滅しない。 ・増殖を防ぐことが重要→10～50度の温度に保存しない。調理後速やかに喫食する。	・通常の加熱調理では芽胞は死滅しない。 ・気密性の容器包装に入れられている食品は十分な加熱殺菌を行う(120℃4分以上) ・いずし等加熱していない食品については確実な予防法をとる。 ・摂取前に十分に加熱する(ボツリヌス菌の毒素は比較的熱に弱い)	大腸菌と同様 ・汚染地域での生水, 氷, 生野菜, 未加熱食品の摂取を避ける	赤痢と同じ	・カキなど二枚貝は中心までよく加熱する(中心温度85℃1分以上) ・食品取扱者の健康管理(下痢や嘔吐のあるときは調理作業を控える) ・手洗い ・井戸水や貯水槽の衛生的管理
グラム陽性, 桿菌, 偏性嫌気性, 芽胞形成	グラム陽性, 桿菌, 偏性嫌気性, 芽胞形成	グラム陽性, 大桿菌, 嫌気性, 芽胞形成	グラム陰性, 桿菌	グラム陰性, 桿菌, べん毛あり, 通性嫌気性	小型で球状のウイルス ヒトの腸管細胞でのみ増殖

図表 33　令和元年　都道府県別食中毒発生状況

	総　数			（原因食品又は 食事が判明したもの）			（病因物質が判明したもの）		
	事件	患者	死者	事件	患者	死者	事件	患者	死者
全　国	1,061	13,018	4	909	12,495	4	1,044	12,742	4
北海道	106	728	-	33	640	-	105	727	-
青森県	4	82	-	4	82	-	4	82	-
岩手県	8	28	-	7	19	-	7	19	-
宮城県	17	159	-	17	159	-	16	147	-
秋田県	15	108	1	12	101	-	15	108	1
山形県	9	16	-	8	15	-	9	16	-
福島県	39	99	-	27	82	-	39	99	-
茨城県	8	388	-	8	388	-	8	388	-
栃木県	7	118	-	7	118	-	7	118	-
群馬県	10	158	1	10	158	1	10	158	1
埼玉県	24	299	-	24	299	-	24	299	-
千葉県	36	750	-	33	722	-	36	750	-
東京都	119	865	-	114	860	-	116	784	-
神奈川県	73	509	-	68	496	-	71	468	-
新潟県	29	463	-	23	455	-	28	433	-
富山県	14	145	-	14	145	-	14	145	-
石川県	16	184	-	15	183	-	16	184	-
福井県	11	62	-	11	62	-	11	62	-
山梨県	7	150	-	7	150	-	7	150	-
長野県	18	542	-	17	540	-	18	542	-
岐阜県	5	86	-	5	86	-	5	86	-
静岡県	14	785	-	14	785	-	14	785	-
愛知県	60	668	-	48	524	-	58	641	-
三重県	7	107	-	7	107	-	7	107	-
滋賀県	10	176	-	10	176	-	10	176	-
京都府	17	237	-	17	237	-	17	237	-
大阪府	61	952	-	59	941	-	61	952	-
兵庫県	39	1,069	-	39	1,069	-	39	1,069	-
奈良県	9	129	1	9	129	1	9	129	1
和歌山県	7	99	-	7	99	-	7	99	-
鳥取県	8	66	-	8	66	-	8	66	-
島根県	18	202	-	18	202	-	15	162	-
岡山県	13	253	-	13	253	-	12	249	-
広島県	18	216	1	16	214	1	18	216	1
山口県	11	211	-	11	211	-	11	211	-
徳島県	7	113	-	7	113	-	6	94	-
香川県	4	27	-	3	26	-	4	27	-
愛媛県	12	165	-	12	165	-	11	153	-
高知県	17	217	-	13	186	-	17	217	-
福岡県	47	318	-	41	294	-	47	318	-
佐賀県	10	17	-	9	16	-	10	17	-
長崎県	21	303	-	18	300	-	21	303	-
熊本県	6	67	-	6	67	-	6	67	-
大分県	6	126	-	6	126	-	6	126	-
宮崎県	30	293	-	24	186	-	30	293	-
鹿児島県	8	79	-	7	78	-	8	79	-
沖縄県	26	184	-	23	165	-	26	184	-

出所：厚生労働省ホームページ

備，機械器具等は，別の食品を取り扱う前に，必要な洗浄及び消毒を行うこと。

（9）原材料（特に生鮮物）の保管に当たっては，使用期限等に応じ適切な順序（いわゆる先入れ，先出しなど）で使用されるよう配慮すること。

（10）器具及び容器包装は，製品を汚染や損傷から保護し，適切な表示が行えるものを使用すること。また，再使用が可能な器具又は容器包装は，洗浄，消毒が容易なものを用いること。

（11）食品等の製造又は加工に当たっては，以下の事項の実施に努めること。① 原材料及び製品への金属，ガラス，じん埃，洗浄剤，機械油等の化学物質等の異物の混入防止のための措置を講じ，必要に応じ検査すること。② 原材料，製品及び容器包装をロット毎に管理し，記録すること。③ 製品毎にその特性，製造及び加工の手順，原材料等について記載した製品説明書を作成し，保存すること。④ 分割，細切された食肉等について，異物の混入がないかを確認すること。異物が認められた場合には，汚染の可能性がある部分を廃棄すること。⑤ 原材料として使用していないアレルギー物質が製造工程において混入しないよう措置を講ずること。

（12）原材料及び製品について自主検査を行い，規格基準等への適合性を確認し，その結果を記録するよう努めること。

（13）おう吐物等により汚染された可能性のある食品は廃棄すること。

（14）施設においておう吐した場合には，直ちに殺菌剤を用いて

適切に消毒すること。

　さらに厚生労働省では，食中毒予防の三原則は，食中毒菌を「付けない，増やさない，殺す」としたうえで，家庭で起きる食中毒の防止方法として，6つの予防策を掲げている。メニュー開発者として併せて心得ておきたい。

ポイント1　食品の購入

●肉，魚，野菜などの生鮮食品は新鮮な物を購入しましょう。

●表示のある食品は，消費期限などを確認し，購入しましょう。

●購入した食品は，肉汁や魚などの水分がもれないようにビニール袋などにそれぞれ分けて包み，持ち帰りましょう。

●特に，生鮮食品などのように冷蔵や冷凍などの温度管理の必要な食品の購入は，買い物の最後にし，購入したら寄り道せず，まっすぐ持ち帰るようにしましょう。

ポイント2　家庭での保存

●冷蔵や冷凍の必要な食品は，持ち帰ったら，すぐに冷蔵庫や冷凍庫に入れましょう。

●冷蔵庫や冷凍庫の詰めすぎに注意しましょう。めやすは，7割程度です。

●冷蔵庫は10度C以下，冷凍庫は，－15度C以下に維持することがめやすです。温度計を使って温度を計ると，より庫内温度の管理が正確になります。細菌の多くは，10度Cでは増殖がゆっくりとなり，－15度Cでは増殖が停止しています。しかし，細菌が死ぬわけではありません。早めに使いきるようにし

ましょう。

●肉や魚などは，ビニール袋や容器に入れ，冷蔵庫の中の他の食品に肉汁などがかからないようにしましょう。

●肉，魚，卵などを取り扱う時は，取り扱う前と後に必ず手指を洗いましょう。せっけんを使い洗った後，流水で十分に洗い流すことが大切です。簡単なことですが，細菌汚染を防ぐ良い方法です。

●食品を流し台の下に保存する場合は，水漏れなどに注意しましょう。また，直接床に置いたりしてはいけません。

ポイント3　下準備

●台所を見渡してみましょう。ゴミは捨ててありますか？　タオルやふきんは清潔なものと交換してありますか？　せっけんは用意してありますか？　調理台の上はかたづけて広く使えるようになっていますか？　もう一度，チェックをしましょう。

●井戸水を使用している家庭では，水質に十分注意してください。

●手を洗いましょう。

●生の肉，魚，卵を取り扱った後には，また，手を洗いましょう。途中で動物に触ったり，トイレに行ったり，おむつを交換したり，鼻をかんだりした後の手洗いも大切です。

●肉や魚などの汁が，果物やサラダなど生で食べる物や調理の済んだ食品にかからないようにしましょう。

●生の肉や魚を切った後，洗わずにその包丁やまな板で，果物や野菜など生で食べる食品や調理の終わった食品を切ることはや

めましょう。洗ってから熱湯をかけたのち使うことが大切です。包丁やまな板は，肉用，魚用，野菜用と別々にそろえて，使い分けるとさらに安全です。

●ラップしてある野菜やカット野菜もよく洗いましょう。

●冷凍食品など凍結している食品を調理台に放置したまま解凍するのはやめましょう。室温で解凍すると，食中毒菌が増える場合があります。

解凍は冷蔵庫の中や電子レンジで行いましょう。また，水を使って解凍する場合には，気密性の容器に入れ，流水を使います。

●料理に使う分だけ解凍し，解凍が終わったらすぐ調理しましょう。解凍した食品をやっぱり使わないからといって，冷凍や解凍を繰り返すのは危険です。冷凍や解凍を繰り返すと食中毒菌が増殖したりする場合もあります。

●包丁，食器，まな板，ふきん，たわし，スポンジなどは，使った後すぐに，洗剤と流水で良く洗いましょう。ふきんのよごれがひどい時には，清潔なものと交換しましょう。漂白剤に１晩つけ込むと消毒効果があります。包丁，食器，まな板などは，洗った後，熱湯をかけたりすると消毒効果があります。たわしやスポンジは，煮沸すればなお確かです。

ポイント４　調　理

●調理を始める前にもう一度，台所を見渡してみましょう。

下準備で台所がよごれていませんか？　タオルやふきんは乾いた清潔なものと交換しましょう。そして，手を洗いましょう。

●加熱して調理する食品は十分に加熱しましょう。

　加熱を十分に行うことで，もし，食中毒菌がいたとしても殺す
ことができます。めやすは，中心部の温度が 75 度 C で 1 分間
以上加熱することです。

●料理を途中でやめてそのまま室温に放置すると，細菌が食品に
付いたり，増えたりします。途中でやめるような時は，冷蔵庫
に入れましょう。再び調理をするときは，十分に加熱しましょ
う。

●電子レンジを使う場合は，電子レンジ用の容器，ふたを使い，
調理時間に気を付け，熱の伝わりにくい物は，時々かき混ぜる
ことも必要です。

ポイント5　食　事

●食卓に付く前に手を洗いましょう。

●清潔な手で，清潔な器具を使い，清潔な食器に盛りつけましょ
う。

●温かく食べる料理は常に温かく，冷やして食べる料理は常に冷
たくしておきましょう。めやすは，温かい料理は 65 度 C 以上，
冷やして食べる料理は 10 度 C 以下です。

●調理前の食品や調理後の食品は，室温に長く放置してはいけま
せん。例えば，O157 は室温でも 15 〜 20 分で 2 倍に増えます。

ポイント6　残った食品

●残った食品を扱う前にも手を洗いましょう。

　残った食品はきれいな器具，皿を使って保存しましょう。

●残った食品は早く冷えるように浅い容器に小分けして保存しましょう。

●時間が経ち過ぎたら，思い切って捨てましょう。

●残った食品を温め直す時も十分に加熱しましょう。めやすは75度C以上です。味噌汁やスープなどは沸騰するまで加熱しましょう。

●ちょっとでも怪しいと思ったら，食べずに捨てましょう。口に入れるのは，やめましょう 。

7　寄生虫

　一時期，または持続的に人体内または体表面に住み着いて，人体からの栄養を摂取して，人体に害を及ぼす生物を寄生虫という。感染経路は，口から食品とともに入る経口感染が多いが，それだけではなく，皮膚から入るものもある。

　経口感染する可能性の高い寄生虫は以下が挙げられる。

① 海水魚から感染する寄生虫

　寄生虫は，アニサキスやクドアなどが挙げられる。アニサキスは，イルカやクジラの胃に寄生し，その糞便にいた虫卵が他の魚類の体内で幼虫となる。幼虫は，多くはサバ，アジ，イワシ，イカ，秋刀魚などの内臓に寄生しているが，鮮度が落ちると内臓から筋肉へ移動する。アニサキスの幼虫は目視も可能である。生で食するときには，ピンセットで調理前に取り出すが，万全ではない。生食すると，胃や腸に幼虫が侵入し，急激な腹痛，吐き気，嘔吐を起こ

す。

　アニサキスは熱に弱いため，加熱調理して食するようにするのが安全である。60℃で数秒，70℃以上では瞬時に死滅し，マイナス20℃で24時間以上冷凍すると死滅する。そのため，すぐに食べない場合は，内臓を取り除いて冷凍保存するのが望ましいとされる。クドアは，生の平目に見られる寄生虫である。

② 淡水魚から感染する寄生虫

　顎口虫類は，雷魚やドジョウを中間宿主としており，これを生食すると感染する。幼虫の形で皮膚の下を徘徊し，痛みやかゆみを起こし，ミミズ腫れを作る。そのほかには，ボラ，ハゼ，鮎などを宿主とする横川吸虫，コイ，海老，蟹などを宿主とする肝吸虫などがあり，加熱処理して食することが肝要である。

③ 豚肉，牛肉から感染する寄生虫

　豚肉が宿主となる寄生虫には，施毛虫，有こう条虫，トキソプラズマなどがあり，牛肉では，無こう条虫などがある。いずれにしても十分な加熱調理が肝要となる。

④ 野菜類や水などを感染源とする寄生虫

　糞便から感染する寄生虫にはヒト回虫がある。感染者の糞便に虫卵が排泄され，何かしらの経路でそれが野菜類に付着したり，水に混入したり，食器や手指に付着して，経口感染のもととなる。予防法としては，手洗いの励行や，野菜類や食器類の洗浄などが挙げられる。

8 食品添加物

　食品添加物とは，「食品の製造過程で，または食品の加工や保存の目的で食品に添加，混和などの方法によって使用するもの」と，食品衛生法で定義されている。食品添加物に対して，「人工的なもの」，「体に害を及ぼすもの」といった不信感をもたれる場合が見受けられるが，「なぜその食品添加物は必要か」，「本当に必要か」など，冷静に判断することも肝要である。また，定義にあるように，食品を製造する過程において添加や混和をされたものであるため，人工，天然に関わらず添加物になり得る。天然物，科学的化合物の双方が食品添加物になる。

　食品の種類や形態が多様化する中，食品添加物の種類や使用量は増加していった。日本は世界で使用を認められる食品添加物の種類は多いといわれ，中には健康を害する可能性がある食品添加物も存在すると言われている。いっぽうでは，適切な使用により食品の安全性が保たれるともいえる。このような点も含めて，多角的に食品添加物に対する客観的な判断，考えをもつことが必要であろう。

　食品添加物を分類すると，日本では，安全性と有効性を確認して厚生労働大臣が指定した「指定添加物」，長年使用されてきた天然添加物として品目が決められている「既存添加物」のほかに，「天然香料」や「一般飲食物添加物」に分類される。今後，新たに使われる食品添加物は，天然，合成の区別なく，すべて食品安全委員会による安全性の評価と厚生労働大臣の指定を受け「指定添加物」になる。

●指定添加物

食品衛生法第 12 条に基づき，厚生労働大臣が使用してよいと定めた食品添加物をいう。この指定の対象には，化学的合成品だけでなく，天然物も含まれる。なお，香料については「エステル類」等の一括名称で指定した 18 類の分類に該当すると判断したものを通知で示している（令和 2 年 6 月 18 日改正まで，登録品目数：466 品目）。

●既存添加物

指定添加物のほか，わが国において広く使用され，かつ，長い食経験があるものは，例外的に使用，販売等が認められ，既存添加物名簿に収載されている。この類型は，1995 年の食品衛生法改正により，指定の対象が，化学的合成品から，天然物を含むすべての添加物に拡大された際に設けられた（令和 2 年 2 月 26 日改正まで，登録品目数：357 品目）

●天然香料

動・植物から得た天然の物質で，食品に香りを付ける目的で使用されるもの。バニラ香料，カニ香料などが挙げられる。

●一般飲食物添加物

一般に飲食に供されているもので添加物として使用されるもの。イチゴジュース，寒天などが挙げられる。

【食品添加物公定書】

食品添加物公定書は，食品添加物の成分の規格や，製造の基準，品質確保の方法について定めたもので，食品衛生法第 21 条に基づいて作成されている。食品添加物に関する製造・品質管理技術の進歩

及び試験法の発達等に対応するため，従来から，概ね5年ごとに改訂している。

【食品添加物の種類と用途の例】

甘味料：食品に甘味を与える　キシリトール　アスパルテーム

着色料：食品を着色し，色調を調節する　クチナシ黄色素　食用黄色4号

保存料：カビや細菌などの発育を抑制し，食品の保存性をよくし，食中毒を予防する　ソルビン酸　しらこたん白抽出物

増粘剤・安定剤・ゲル化剤・糊剤：食品に滑らかな感じや，粘り気を与え，分離を防止し，安定性を向上させる　ペクチン　カルボキシメチルセルロース　ナトリウム

酸化防止剤：油脂などの酸化を防ぎ保存性をよくする　エリソルビン酸ナトリウム　ミックスビタミンE

発色剤：ハム・ソーセージなどの色調・風味を改善する　亜硝酸ナトリウム　硝酸ナトリウム

漂白剤：食品を漂白し，白く，きれいにする　亜硫酸ナトリウム　次亜硫酸ナトリウム

防かび剤（防ばい剤）：柑橘類等のかびの発生を防止する　オルトフェニルフェノール　ジフェニル

イーストフード：パンのイーストの発酵をよくする　リン酸三カルシウム　炭酸アンモニウム

ガムベース：チューインガムの基材に用いる　エステルガム　チクル

かんすい：中華めんの食感，風味を出す　炭酸ナトリウム　ポリリン酸ナトリウム

苦味料：食品に苦味を付ける　カフェイン（抽出物）　ナリンジン

酵　素：食品の製造，加工に使用する　β-アミラーゼ　プロテアーゼ

光沢剤：食品の表面に光沢を与える　シェラック　ミツロウ

香　料：食品に香りをつけ，おいしさを増す　オレンジ香料　バニリン

酸味料：食品に酸味を与える　クエン酸　　乳酸

チューインガム軟化剤：チューインガムを柔軟に保つ　グリセリン　D-ソルビトール

調味料：食品にうま味などを与え，味をととのえる　L-グルタミン酸ナトリウム　5'-イノシン酸ニナトリウム

豆腐用凝固剤：豆腐を作る時に豆乳を固める　塩化マグネシウム　グル
　　コノデルタラクトン
乳化剤：水と油を均一に混ぜ合わせる　グリセリン脂肪酸エステルル
　　植物レシチン
水素イオン濃度調整剤（pH調整剤）：食品のpHを調節し品質をよくす
　　る　DL-リンゴ酸　乳酸ナトリウムバン
栄養強化剤：栄養素を強化する　ビタミンC　乳酸カルシウム
その他の食品添加物：その他，食品の製造や加工に役立つ　水酸化ナト
　　リウム　活性炭，プロテアーゼ

出所：日本食品添加物協会HP　http://www.jafa.gr.jp

9　食物アレルギー

　食物アレルギーとは，「食物によって引き起こされる抗原特異的
な免疫学的機序を介して生体にとって不利益な症状が惹起される現
象」（日本小児アレルギー学会食物アレルギー委員会「食物アレルギー診療
ガイドライン2012」）をいう。環境問題や食生活，生活習慣の変化，
心理的な要因などさまざまな背景とともに食物アレルギー患者の増
加が見受けられるようになり，人々の関心も高い。

　そのような背景のもと，アレルギー患者の健康被害の発生を防ぐ
観点から，2001年より「アレルギー物質を含む食品の表示制度」
が新設された。物質アレルギーを引き起こすことが明らかになった
食品のうち過去の健康危害等の程度，頻度を考慮し，特に発症数の
多い品目に対して，容器包装された加工食品等に特定の原材料を使
用した旨の表示を義務付けている。

　該当する品目は，表示を義務化する特定原材料と，通知で表示を
奨励する特定原材料に準ずるもの，の2つに分類される。

図表 34　アレルゲンを含む食品の表示（特定原材料，特定原材料に準ずるもの）

品目数	特定原材料等の名称	理由	表示の義務
7品目	卵，乳，小麦，落花生，えび，そば，かに	特に発症数，重篤度から勘案して表示する必要性が高い。	義務
21品目	アーモンド，いくら，キウイフルーツ，くるみ，大豆，バナナ，やまいも，カシューナッツ，もも，ごま，さば，さけ，いか，鶏肉，りんご，まつたけ，あわび，オレンジ，牛肉，ゼラチン，豚肉	症例数や重篤な症状を呈する者の数が継続して相当数みられるが，特定原材料に比べると少ない。特定原材料とするかどうかについて，今後，引き続き調査が必要。	奨励（任意表示）

出所：消費者庁 HP（令和元年）。

Chapter 9　栄養とメニュー

1　健康と栄養

　「健康志向」といわれるようになる今日まで，私たちは健康的な食を模索し，求め続けていると言って過言ではないだろう。日本だけでなく，「健康でありたい」と願うのは世界共通であり，健康は永遠のテーマといえる。

　「健康」と「食」は切り離せない。食生活の乱れが疾病の要因になることは大いにある。「この食材を食べると風邪をひきにくくなる」，「健康長寿な人は朝ご飯に○○を食べている」，「肌年齢を若く保つ食材とは」，「骨を強くするには，あの食品」など，連日メディアでは情報を流しており，雑誌や書物なども食と健康について扱うことが多い。人々の関心も高いのである。

　しかしながら，野菜を食べたほうが良いという情報は知っていながら，野菜不足を自覚する人も少なくない。また，「栄養バランスの良い食事を自分では食べられていない，作れない」という声も多く，情報を得ることと，実践できるかは別になっている現状がある。また，「体に良い食べ物であっても，おいしくなければ食べたくない」という声もある。外食や中食に"健康的"な食事を求める需要は，メニューをつくる上で留意しておく必要があるだろう。栄養バランスが良ければ健康になるとはいえないが，そういった「健

康的な食事」へのさまざまなニーズに対応するために，栄養の基礎
知識をもっておきたい。

2 栄養素

　人間は食物を摂取することで，さまざまな行動を起こすエネル
ギーを得ることができる。行動に必要なエネルギーのすべては，主
に食によって作られているのである。また，人間の身体を構成して
いる筋肉や臓器，骨などの組織や骨組み，その組織を動かす力は食
物に含まれる栄養素によって作られていく。栄養素を摂取すること
は，人間が生きるために不可欠なのである。

　栄養素とは，食べ物の中に含まれている人間の体に必要不可欠な
成分のことをいい，タンパク質，脂質，炭水化物（糖質，食物繊
維），ビタミン，ミネラル（無機質）に分類される。これらを「五大
栄養素」といい，

　①　筋肉や骨，歯，血液など身体の組織を作る

　②　身体を動かすエネルギー（力や熱）になる

　③　身体の調子を整え，その動きを円滑にする

　という３つの大きな役割がある。そのうち炭水化物，たんぱく
質，脂肪を俗に三大栄養素という。

（1）基本の三大栄養素

　たんぱく質は，筋肉や内臓，髪，爪，皮膚，血液などを構成する
成分で，体の組織をつくる。ホルモンや酵素，免疫細胞をつくる役
割ももち，体内ではアミノ酸となる。アミノ酸は大きく分けて２種

類あり，体内で合成できるアミノ酸と，合成できないアミノ酸に分けられる。後者は「必須アミノ酸」と呼ばれ9種類あるが，食事から補う必要がある。

　たんぱく質は，肉や魚，牛乳・乳製品，卵などに含まれている動物性たんぱく質と，大豆・大豆製品などに含まれている植物性たんぱく質の2種類に分かれる。動物性，植物性，どちらのたんぱく質も偏りなくバランスよくとることが必要である。ベジタリアン向けのメニューでは，大豆を使用する場合が多く，近年はその加工品の商品開発も進んでいる。

【主にたんぱく質を含む食品】

　肉，魚，卵，牛乳・乳製品，大豆・大豆製品

　脂質はエネルギー源として使われたり，細胞膜や臓器，そして神経などの構成成分となる。ビタミンの運搬を助けるなどのほか，体温の調節，正常なホルモンの働きを助ける。少量でも体を動かすための多くのエネルギーとなる栄養素で，体の組織をつくる材料となる。さらに魚の油に含まれているDHA（ドコサヘキサエン酸）は脳の神経細胞をつくり，脂質はビタミンの吸収を助ける働きもある。大豆や豆乳，植物油などの植物性脂質と，ラード，バター，肉類の脂身などの動物性脂質がある。

【主に脂質の含まれている食品】

　肉類の脂身，食用油脂類，肉，魚，牛乳・乳製品，植物油，バター

　炭水化物は，主に糖質と食物繊維の2つに分けられる。筋肉や体

を動かすときに使われるエネルギー源となり，肝臓と筋肉にグリコーゲンとして蓄えられるとともに，脳の主要なエネルギーとなる。糖質はエネルギー源として最も使われやすく，体や脳を動かす即効性の高いエネルギー源となる。そのため，炭水化物が不足すると脳に活気がなくなるとされる。いっぽう，過剰に摂取すると，エネルギーとして使われずにあまり，中性脂肪に変換される要因になりえる。また，糖質をエネルギーに変えるにはビタミンB1が必要とされるため，ビタミンB1が豊富に含まれている食品とともに摂取することで代謝が高まる。

　食物繊維は第六の栄養素とも呼ばれ，腸の善玉菌を増やし腸内細菌のバランスを整える役割をもつ。

【主に炭水化物の含まれている食品】

　ご飯，パン，パスタ，餅，うどん，トウモロコシなどの穀類，イモ類，菓子，果物

（2）五大栄養素

　五大栄養素は，三大栄養素にビタミン・ミネラルを加えたものである。

　ビタミン・ミネラルはタンパク質，脂質，糖質の分解や合成を助ける働きをもち，健康維持，体調管理には欠かせない栄養素である。

```
五大栄養素の働き
●　たんぱく質　・・・・・　体をつくる
●　脂質・炭水化物　・・・　エネルギーになる
●　ビタミン・ミネラル・・　体の調子を整える
```

　ビタミンは，3大栄養素のようにエネルギー源や体の構成成分にはならない。しかし血管や粘膜，皮膚，骨などの健康を保ち，新陳代謝を促す働きをし，体の機能を正常に維持するために不可欠な栄養素である。体の調子を整え，三大栄養素が体内でスムーズに働けるようにサポートしている。三大栄養素に比べて必要量はごくわずかだが，体内でほとんど合成されないか，合成されても必要量に満たないことから，食品からの摂取が不可欠といえるだろう。

　水に溶ける水溶性ビタミン（B群，C）と油に溶ける脂溶性ビタミン（A, D, E, K）に分類される。水溶性ビタミンは，水に溶けるため，溶け出した水分もともに摂取するのが賢明である。また，水溶性ビタミンは過剰に摂取しても体内に蓄積されず，尿などと一緒に排泄されるため，必要な量を毎日とる必要がある。

　脂溶性ビタミンは，油と一緒にとると吸収率が上がる。また，肝臓に蓄積され，とり過ぎると過剰症を起こすものがあるため，食事摂取基準では上限量が定められている。近年，サプリメントなどで大量にとり過ぎることへの注意が必要とされている。

【主にビタミンの含まれている食品】

　野菜，果物類

　ミネラルは，無機質ともいう。無機質とは生物由来でなく鉱物由来のもので，カロリーのないものを指す。微量ながらも体の健康維持に欠かせない栄養素で，カルシウム，鉄，ナトリウムなどの必須ミネラルがある。

　ミネラルの主な働きとしては，骨・歯，血液，筋肉，神経，臓器など体の構成成分になり，神経や筋肉の機能をスムーズにするため

に使われ，体の調子を整える働きがある。ビタミンとの違いは無機質であるという点と，身体の構成成分になる点である。たんぱく質，脂質，炭水化物が体に必要なエネルギーをつくる際にその働きを助ける役目があるので，それらの栄養素を含む料理にミネラルを多く含む食品を加えたメニューなども考えられるだろう。

　ミネラルは体内で合成することができないため，食事から摂取することが必須とされる。不足するとさまざまな欠乏症を引き起こし，逆に多量に摂取すると過剰症になる恐れもある。鉄や亜鉛をとり過ぎると中毒を起こしたり，ナトリウムをとり過ぎると高血圧症につながる可能性がある。

　人間の体に必要なミネラルは，存在する量によって，以下のように，主要無機質と微量無機質に分けられている。

●主要無機質…カルシウム，リン，カリウム，ナトリウム，マグネシウム，イオウ，塩素

●微量無機質…鉄，亜鉛，マンガン，ヨウ素，銅，セレン，コバルト，モリブデン，クロム

【主にミネラルの含まれている食品】

　野菜，果物，海藻，牛乳・乳製品，小魚，レバーなど

　食品群の分類はいくつかあるが，旧厚生省保健医療局が作成した「6つの基礎食品群」の分け方も知っておきたい。

（3）6つの基礎食品群

　食品そのものの栄養に着目して分類される方法に，6つの基礎食品群がある。

●1群：魚，肉，卵，大豆，大豆製品

【食品の例】

　魚，貝，いか，たこ，かに，かまぼこ，ちくわ，牛肉，豚肉，鳥肉，ハム・ソーセージ，鶏卵，うずら卵，大豆，豆腐，納豆，生揚げ，がんもどきなど

【働き】

　骨や筋肉を作る，エネルギー源となる。

【栄養的特徴】

　良質のたんぱく質の供給源となるもので，副次的にとれる栄養素として，脂肪，カルシウム，鉄，ビタミン A，ビタミン B1，ビタミン B2 などがある。

●2群：牛乳，乳製品，海藻，小魚類

【食品の例】

　牛乳，スキムミルク，チーズ，ヨーグルト，めざし，わかさぎ，しらす干し，わかめ，こんぶ，のりなど

【働き】

　骨や歯を作る，体の各機能を調節。

【栄養的特徴】

　カルシウムの供給源として重要。また，良質たんぱく質，ビタミン B2 などの供給源としての役割も大きい。

●3群：緑黄色野菜

【食品の例】

　にんじん，ほうれん草，小松菜，かぼちゃなど

【働き】

　皮膚や粘膜の保護，体の各機能を調節。

【栄養的特徴】

　ビタミンA（カロチン）の供給源として重要。また，ビタミンC，カルシウム，鉄，ビタミンB2の供給源ともなる。

●4群：淡色野菜，果物

【食品の例】

　だいこん，はくさい，キャベツ，きゅうり，みかん，りんご，なし，いちごなど

【働き】

　体の各機能を調節。

【栄養的特徴】

　ビタミンCの供給源として重要である。そのほかカルシウム，ビタミンB2，ビタミンB1の供給源としての役割も大きい。

●5群：穀類，イモ類，砂糖

【食品の例】

　ご飯，パン，うどん，そば，スパゲッティ，さつまいも，じゃがいもなど

【働き】

　エネルギー源となる，体の各機能を調節。

【栄養的特徴】

　いも類は，糖質のほかに，ビタミンB1，ビタミンCなども比較的多く含まれる。

●6群：油脂類，脂肪の多い食品

【食品の例】

てんぷら油，サラダ油，ラード，バター，マーガリン，マヨネーズ，ドレッシングなど

【働き】

エネルギー源となる。

【栄養的特徴】

脂溶性ビタミン（ビタミンA・D・E・K）の吸収を促す。また，体内で合成されない必須脂肪酸の供給源ともなる。

6つの食品群のすべてから，バランスのよい食事をとることが肝要とされる（出所：日本医師会ホームページ）。

このほか，色をベースに栄養素の働きを3つに分類した三色食品群もある。子どもも栄養バランスの意識を高められる分け方といえる。

（4）三色食品群

赤：体をつくるもとになる：肉，魚，卵，牛乳・乳製品，豆など

黄：エネルギーのもとになる：米，パン，めん類，いも類，油，砂糖など

緑：体の調子を整えるもとになる：野菜，果物，きのこ類など

出所：農林水産省HP（https://www.maff.go.jp/j/syokuiku/zissen_navi/balance/guide.html）

（5）食生活と栄養バランス

2000年3月に，食生活指針が，文部省，厚生省（当時）および農林水産省によって策定されている。策定から16年が経過し，その間に食育基本法の制定，「健康日本21（第二次）」の開始，食育基本法に基づく第3次食育推進基本計画などが作成されたことから，食生活に関する幅広い動きを踏まえて，2016年6月に食生活指針は改定された。

図表35　食生活指針

食生活指針	食生活指針の実践
食事を楽しみましょう。	・毎日の食事で，健康寿命をのばしましょう。 ・おいしい食事を，味わいながらゆっくりよく噛んで食べましょう。 ・家族の団らんや人との交流を大切に，また，食事づくりに参加しましょう。
1日の食事のリズムから，健やかな生活リズムを。	・朝食で，いきいきした1日を始めましょう。 ・夜食や間食はとりすぎないようにしましょう。 ・飲酒はほどほどにしましょう。
適度な運動とバランスのよい食事で，適正体重の維持を。	・普段から体重を量り，食事量に気をつけましょう。 ・普段から意識して身体を動かすようにしましょう。 ・無理な減量はやめましょう。 ・特に若年女性のやせ，高齢者の低栄養にも気をつけましょう。
主食，主菜，副菜を基本に，食事のバランスを。	・多様な食品を組み合わせましょう。 ・調理方法が偏らないようにしましょう。 ・手作りと外食や加工食品・調理食品を上手に組み合わせましょう。
ごはんなどの穀類をしっかりと。	・穀類を毎食とって，糖質からのエネルギー摂取を適正に保ちましょう。 ・日本の気候・風土に適している米などの穀類を利用しましょう。
野菜・果物，牛乳・乳製品，豆類，魚なども組み合わせて。	・たっぷり野菜と毎日の果物で，ビタミン，ミネラル，食物繊維をとりましょう。 ・牛乳・乳製品，緑黄色野菜，豆類，小魚などで，カルシウムを十分にとりましょう。

食塩は控えめに，脂肪は質と量を考えて。	・食塩の多い食品や料理を控えめにしましょう。食塩摂取量の目標値は，男性で1日8g未満，女性で7g未満とされています。 ・動物，植物，魚由来の脂肪をバランスよくとりましょう。 ・栄養成分表示を見て，食品や外食を選ぶ習慣を身につけましょう。 ・「和食」をはじめとした日本の食文化を大切にして，日々の食生活に活かしましょう。 ・地域の産物や旬の素材を使うとともに，行事食を取り入れながら，自然の恵みや四季の変化を楽しみましょう。 ・食材に関する知識や調理技術を身につけましょう。 ・地域や家庭で受け継がれてきた料理や作法を伝えていきましょう。
日本の食文化や地域の産物を活かし，郷土の味の継承を。	・「和食」をはじめとした日本の食文化を大切にして，日々の食生活に活かしましょう。 ・地域の産物や旬の素材を使うとともに，行事食を取り入れながら，自然の恵みや四季の変化を楽しみましょう。 ・食材に関する知識や調理技術を身につけましょう。 ・地域や家庭で受け継がれてきた料理や作法を伝えていきましょう。
食料資源を大切に，無駄や廃棄の少ない食生活を。	・まだ食べられるのに廃棄されている食品ロスを減らしましょう。 ・調理や保存を上手にして，食べ残しのない適量を心がけましょう。 ・賞味期限や消費期限を考えて利用しましょう。
「食」に関する理解を深め，食生活を見直してみましょう。	・子供のころから，食生活を大切にしましょう。 ・家庭や学校，地域で，食品の安全性を含めた「食」に関する知識や理解を深め，望ましい習慣を身につけましょう。 ・家族や仲間と，食生活を考えたり，話し合ったりしてみましょう。 ・自分たちの健康目標をつくり，よりよい食生活を目指しましょう。

出所：文部省決定，厚生省決定，農林水産省決定，平成28年6月一部改正。

（6）生活習慣病予防

　近年，生活習慣病対策は現代日本における社会的解決課題となっており，消費者の関心も高まっている。1990年に厚生労働省が策定した「対象特性別健康づくりのための食生活指針」の中に，生活習慣病予防のための食生活指針がある。日本の死因の上位にあが

図表 36　生活習慣病予防のための食生活指針

1. いろいろ食べて成人病予防
    - 主食，主菜，副菜をそろえ，目標は一日 30 食品
    - いろいろ食べても，食べ過ぎないように
2. 日常生活は食事と運動のバランスで
    - 食事はいつも腹八分目
    - 運動十分で食事を楽しもう
3. 減塩で高血圧と胃がん予防
    - 塩辛い食品を避け，食塩摂取は一日 10 グラム以下
    - 調理の工夫で，無理なく減塩
4. 脂肪を減らして心臓病予防
    - 脂肪とコレステロール摂取を控えめに
    - 動物性脂肪，植物油，魚油をバランス良く
5. 生野菜，緑黄色野菜でがん予防
    - 生野菜，緑黄色野菜を毎食の食卓に
6. 食物繊維で便秘・大腸がんを予防
    - 野菜，海藻をたっぷりと
7. カルシウムを十分とって丈夫な骨作り
    - 骨粗しょう症の予防は青壮年期から
    - カルシウムに富む牛乳，小魚，海藻を
8. 甘いものは程々に
    - 糖分を控えて肥満を予防
9. 禁煙，節酒で健康長寿
    - 禁煙は百益あっても一害なし
    - 百薬の長アルコールも飲み方次第

る，がん，脳血管疾患，心疾患などの病気の大半は，生活習慣を改めることによって予防することができるとされている。毎日の食生活を整えることも生活習慣病予防として重要であり，メニューを開発するにあたって，食べる人の健康を意識したメニューを求められることも多い。また，常に相手の健康，社会貢献を視野にメニューを作ることを心がけておきたい。生活習慣病予防のための食生活指針において，食に関わる指針は9つ掲げられている。

（7）高齢者の食生活

　日本は，他の先進国に比べて著しく高齢化が進んでいる。65歳以上の高齢者の総人口に占める割合は28.4%（2019年9月15日，総務省）であり，今後も割合は増える見込みだ。また，子どもの数の減少も伴っており，少子高齢化の国として課題をもつ。近年では，高齢者の低栄養，同じものを食べてしまう，たんぱく質やカルシウム，ミネラル群の不足，食生活のリズムの乱れに留意することが必要である。環境や機能などには個人差があり，医学的な問題点をもつ場合も多く，個々への対応が求められるため，指針として掲げることは難しい点があることも否めないだろう。

（8）カロリーと健康

　カロリー表示は，メニュー開発において必ずしも必要不可欠ではない。しかし，主な料理のカロリーに関する知識をもつことは，多様化したメニュー開発の領域において，メニューの幅を広げることに役立つ。

　メニュー開発にあたり，カロリー計算が必要になる場合もある。

さらには，低カロリーの料理，高カロリーの料理などが，飲食店や企業にとって需要のあるメニューであることも少なくない。

厚生労働省では「1日に必要な推定エネルギー必要量」の指標を出している。1日に必要な推定エネルギーの必要量は，エネルギー消費量を計る最も正確な手法である「二重標識水法」で導き出される。

> 1日に必要な推定エネルギー必要量
> ＝基礎代謝量（kcal/ 日）×身体活動レベル

基礎代謝量は，早朝空腹時に快適な室内等における安静時の代謝量をいい，基準代謝基準値と参照体重を掛け合わせて算出される。

> 基礎代謝量
> ＝基礎代謝基準値（kcal/kg 体重 / 日）×参照体重（kg）

基礎代謝基準値（kcal/kg 体重 / 日）：体重 1kg あたりの基礎代
謝量の代表値
参照体重（kg）：該当年齢の平均的な体重

（9）主な食べ物のカロリー

カロリー計算表

基本メニュー

メニュー	カロリー(Kcal)	メニュー	カロリー(Kcal)
ご飯1膳軽盛り(100g)	168	食パン1枚(6枚切り)	177
ご飯1膳普通盛り(140g)	235	食パン1枚(8枚切り)	132
ご飯1膳大盛り(240g)	403		

和食

メニュー	カロリー(Kcal)	メニュー	カロリー(Kcal)
カツ丼	893	ぞうすい	336
親子丼	731	梅茶づけ	171
天丼	805	天ぷらそば	459
牛丼	909	ざるそば	284
卵丼	630	かけそば	324
鉄火丼	649	たぬきそば	376
ねぎとろ丼	786	きつねうどん	382
中華丼	841	月見うどん	419
鰻重	754	焼きそば	570
五目チラシ	618	お好み焼き	553
刺身定食	489	広島焼き	633
あじの塩焼き定食	480	たこやき	270
ブリの照り焼き定食	646	ヒレかつ	310
サバのみそ煮定食	687	串かつ	372
生姜焼き定食	789	ロースかつ	439
鶏の照焼定食	776	カキフライ	299

※丼物のご飯は280g, 定食のご飯は180gとしています。

▌洋食

メニュー	カロリー(Kcal)	メニュー	カロリー(Kcal)
スパゲッティ ミートソース	597	かつカレー	957
スパゲッティ カルボナーラ	830	ドライカレー	615
スパゲッティ ペペロンチーノ	561	ハヤシライス	728
スパゲッティ 和風ツナおろし	640	エビピラフ	573
スパゲッティ タラコ	524	チキンピラフ	636
スパゲッティ ボンゴレ	527	オムライス	843
ピザ(小1枚)	538	ドリア	813
エビグラタン	560	キノコリゾット	382
チキングラタン	647	ハンバーグ	437
ポテトグラタン	687	和風ハンバーグ	441
ハンバーガー	300	ハンバーグ(デミ)	471
チーズバーガー	368	照焼ハンバーグ	448
フライドポテト(S)	194	サーロインステーキ	805
ビーフカレー	954	ヒレステーキ	507
チキンカレー	690	ロールキャベツ	264
野菜カレー	686	チキンソテー	580

▌中華

メニュー	カロリー(Kcal)	メニュー	カロリー(Kcal)
ラーメン	443	チャーハン	754
塩ラーメン	401	五目チャーハン	703
みそラーメン	477	ビビンバ	550
五目ラーメン	665	クッパ	381

チャーシューメン	507	カニ玉	218
冷やし中華	467	酢豚	467
冷めん	404	みそ炒め	250
あんかけかた焼きそば	918	レバニラ炒め（豚レバー）	220
あんかけ焼きそば	517	ギョーザ	423
焼きビーフン	627	シュウマイ	282
麻婆豆腐定食	648	小籠包	274
青椒肉絲定食	722	春巻き	369
八宝菜定食	628	ちまき	310
回鍋肉定食	792	にら饅頭	259
エビチリ定食	643	バンバンジー	230
麻婆茄子定食	685	肉マン	201

┃デザート/飲み物

メニュー	カロリー（Kcal）	メニュー	カロリー（Kcal）
コーヒー	7	チーズケーキ	281
オレンジジュース	82	ショートケーキ	292
クリームソーダ	137	ミルフィーユ	448
ミルクティー	68	ベリータルト	397
ミルクココア	196	チョコレートケーキ	352
カフェ・オレ	71	あんみつ	247
ビール（中ジョッキ）	140	みつ豆	189
ワイン（グラス）	88	クリームみつ豆	295
日本酒（一合）	185	クリームあんみつ	353
焼酎（ロックグラス）	146	白玉あんみつ	260

グレープフルーツサワー(ジョッキ)	238	抹茶クリーム白玉ぜんざい	428
ウーロンハイ(ジョッキ)	103	たいやき	211
アイスクリーム	196	どらやき	256
プリンアラモード	219	今川焼(カスタード)	197
杏仁豆腐	125	ところてん	17
コーヒーゼリー	136	くずもち	184
かぼちゃのタルト	343	みたらし団子	118
レアチーズケーキ	297	こしあんだ団子	131
シュークリーム	209	カステラ(一切)	160

出所：女子栄養大学出版部。

付　録

野菜の旬一覧

	1月	2月	3月	4月	5月	6月	7月	8月	9月	10月	11月	12月
あおとうがらし							7	8	9			
あしたば			3	4	5	6	7	8	9			
アスパラガス				4	5	6						
いんげん						6	7	8	9			
うど			3	4	5							
えだまめ							7	8				
えのき										10	11	
エリンギ										10	11	12
おくら						6	7	8	9			
かいわれ												
かぶ	1	2	3								11	12
かぼちゃ					5	6	7	8	9			
カリフラワー	1	2								10	11	12
きくらげ				4	5	6	7	8				
キャベツ	1	2	3	4								12
きゅうり						6	7	8				
ぎんなん										10	11	
グリーンピース			3	4	5	6						
ゴーヤ							7	8				

	1	2	3	4	5	6	7	8	9	10	11	12
ごぼう	①	②		④	⑤						⑪	⑫
こまつな	①	②	③									⑫
こめ									⑨	⑩	⑪	
さつまいも									⑨	⑩	⑪	
さといも	①									⑩	⑪	⑫
さやえんどう			③	④	⑤							
さんしょう				④	⑤	⑥						
しいたけ			③	④	⑤				⑨	⑩	⑪	
ししとう							⑦	⑧	⑨			
しそ						⑥	⑦	⑧				
しめじ									⑨	⑩	⑪	
じゃがいも					⑤	⑥				⑩	⑪	
しゅんぎく	①	②	③								⑪	⑫
しょうが						⑥	⑦	⑧				
ズッキーニ							⑦	⑧	⑨			
セロリ	①	②									⑪	⑫
そば										⑩	⑪	
そらまめ					⑤	⑥						
だいこん	①	②										⑫
たけのこ				④	⑤							
たまねぎ					⑤	⑥						
ちんげんさい								⑧	⑨	⑩	⑪	
とうがん						⑥	⑦	⑧	⑨			
とうもろこし						⑥	⑦	⑧				
トマト						⑥	⑦	⑧	⑨			
ながいも	①			④	⑤						⑪	⑫
なす							⑦	⑧	⑨			

食材	1	2	3	4	5	6	7	8	9	10	11	12
なのはな	①	②	③	④								
なめこ										⑩	⑪	
にら			③	④	⑤	⑥	⑦	⑧	⑨			
にんじん										⑩	⑪	
にんにく					⑤	⑥	⑦	⑧				
ねぎ	①	②										⑫
はくさい	①	②									⑪	⑫
パセリ			③	④								
パプリカ						⑥	⑦	⑧				
ピーマン						⑥	⑦	⑧				
ふき				④	⑤							
ふきのとう		②	③									
ブロッコリー	①	②	③								⑪	⑫
ほうれんそう	①	②										⑫
まいたけ									⑨	⑩	⑪	
マッシュルーム			③	④	⑤	⑥					⑪	⑫
まつたけ									⑨	⑩	⑪	
みつば			③	④								
みょうが							⑦	⑧	⑨	⑩	⑪	
めキャベツ	①											⑫
もやし												
モロヘイヤ						⑥	⑦	⑧				
やまいも	①										⑪	⑫
レタス							⑦	⑧				
れんこん	①	②									⑪	⑫
わさび												

214

果物の旬一覧

食材 (50音順)	1月	2月	3月	4月	5月	6月	7月	8月	9月	10月	11月	12月
あんず						6	7					
いちご			3	4	5							12
いちじく								8	9	10		
いよかん	1	2										
うめ						6	7	8				
かき										10	11	
かぼす								8	9	10		
キウィ	1	2	3	4	5	6	7				11	12
ぎんなん										10	11	
くり									9	10		
くるみ												12
グレープ フルーツ				4								
さくらんぼ						6	7					
シーク ワーサー	1							8	9			12
すいか							7					
すだち								8	9	10		
デコポン		2	3	4								
なし							7	8	9	10		
なつみかん				4	5	6						
パイナ ップル						6	7	8				
はっさく		2	3									
バナナ												

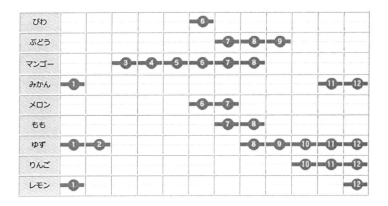

びわ						⑥						
ぶどう							⑦	⑧	⑨			
マンゴー			③	④	⑤	⑥	⑦	⑧				
みかん	①										⑪	⑫
メロン						⑥	⑦					
もも							⑦	⑧				
ゆず	①	②						⑧	⑨	⑩	⑪	⑫
りんご										⑩	⑪	⑫
レモン	①											⑫

魚介類・海産物の旬一覧

食材 (50音順)	1月	2月	3月	4月	5月	6月	7月	8月	9月	10月	11月	12月
あさり	①	②	③									⑫
あじ						⑥	⑦	⑧				
あまえび	①	②										
あゆ						⑥	⑦	⑧				
あわび								⑧	⑨			
あおりいか					⑤	⑥	⑦	⑧				
いくら									⑨	⑩	⑪	
いせえび	①									⑩	⑪	⑫
いわし								⑧	⑨	⑩		
うなぎ							⑦	⑧	⑨			
うに					⑤	⑥	⑦	⑧				
かき	①	②									⑪	⑫
かずのこ			③	④								
かつお					⑤	⑥			⑨	⑩		
かます						⑥	⑦	⑧				
かれい				④	⑤	⑥						
かわはぎ						⑥	⑦	⑧				
かんぱち						⑥	⑦	⑧	⑨			
きす						⑥	⑦	⑧				
きんめだい	①	②										⑫
くるまえび						⑥	⑦	⑧	⑨			
けがに	①			④	⑤	⑥	⑦	⑧	⑨	⑩	⑪	⑫
こういか				④	⑤	⑥						
こんぶ							⑦	⑧	⑨			

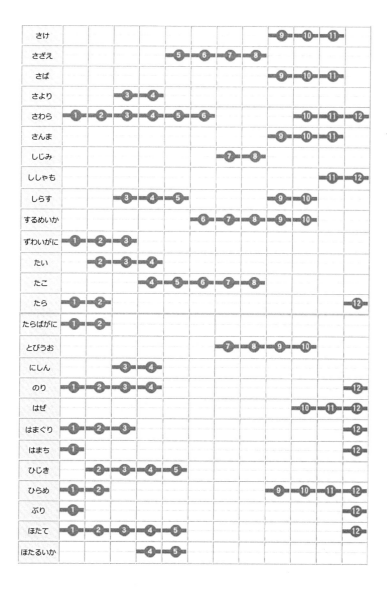

	1	2	3	4	5	6	7	8	9	10	11	12
さけ									9	10	11	
さざえ					5	6	7	8				
さば									9	10	11	
さより			3	4								
さわら	1	2	3	4	5	6				10	11	12
さんま									9	10	11	
しじみ							7	8				
ししゃも											11	12
しらす			3	4	5				9	10		
するめいか						6	7	8	9	10		
ずわいがに	1	2	3									
たい		2	3	4								
たこ				4	5	6	7	8				
たら	1	2										12
たらばがに	1	2										
とびうお							7	8	9	10		
にしん			3	4								
のり	1	2	3	4								12
はぜ										10	11	12
はまぐり	1	2	3									12
はまち	1											12
ひじき		2	3	4	5							
ひらめ	1	2							9	10	11	12
ぶり	1											12
ほたて	1	2	3	4	5							12
ほたるいか				4	5							

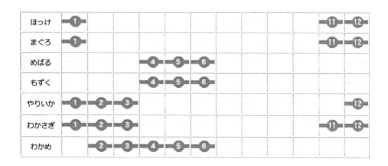

	1	2	3	4	5	6	7	8	9	10	11	12
ほっけ	①										⑪	⑫
まぐろ	①										⑪	⑫
めばる				④	⑤	⑥						
もずく				④	⑤	⑥						
やりいか	①	②	③									⑫
わかさぎ	①	②	③								⑪	⑫
わかめ		②	③	④	⑤	⑥						

参考文献

ビジネスとしてのメニュー開発は，単に材料と調理手順さえあればできるものではありません。栄養や健康管理の知識，食材や商品開発におけるマーケティング，食器の知識，食べ方やテーブルコーディネートの知識などアートや文化の知識も深められると良いでしょう。さらに環境問題や食料問題などにおいても見識があるほうが望ましいといえます。その他にも知っておくとよいことは多く，より良いメニュー開発をするための知識や理解に上限はないといえます。興味のあるものから見つけてみることをお勧めします。

飲食店の実践的なメニュー開発については，

仲村　新（2001）『飲食店売れるメニューづくりの極意　実践版』ぱる出版。

原田　諦（2008）『勝ち残る飲食店の「メニュー開発」はここが違う』同文館出版。

小倉朋子（2014）『愛される「一人店」のつくり方』草思社。

栄養学と病気の関係について知りたい場合は，

香川靖雄（2008）『香川靖雄教授のやさしい栄養学』女性栄養大学出版部。

国立健康・栄養研究所，香川靖雄・近藤和雄・石田　均・門脇　孝（編）（2007）『人体の構造と機能及び疾病の成り立ち総論』南江堂。

八倉巻和子・大関政康（1995）『公衆栄養学』建帛社。

調理や食材の基礎的知識を深めたい場合は，

下村道子・和田淑子（1998）『改訂 調理学』光生館。

渡邊香春子（2005）『調理以前の料理の常識2』講談社。

小倉朋子（2017）『やせる味覚の作り方』文響社。

好井久雄・金子安之・山口和夫（1995）『食品微生物学ハンドブック』技報堂出版。

などもわかりやすいと思います。

食全体の知識やフードビジネスについて広く基礎的知識をつけるには

日本フードコーディネーター協会（2016）『フードコーディネーター教本2016』柴田書店。

日本フードコーディネーター協会編（2002）『プロのためのフードコーディネーション技法』平凡社。

福田靖子（編著）（2000）『食生活論（第2版）』朝倉書店など。

そのほか，下記なども見てみると良いでしょう。

近藤隆雄（2016）『サービスマーケティング（第2版）サービス商品の開発と顧客価値の創造』生産性出版。

高平鳴海・愛甲えめたろう・銅 大（2012）『図解食の歴史 (F-Files)』新紀元社。

フードサービス学会編（2015）『現代フードサービス論』創成社。

多角的に興味をもって調べていってください。

索　引

222

サ

《著者紹介》

小倉朋子（おぐら・ともこ）

（株）トータルフード代表取締役。
食の総合コンサルタント。
亜細亜大学，東京成徳大学非常勤講師。青山学院大学教育学部卒。
仕事と並行し，2020 年東洋大学大学院修了（国際観光学修士）。
大学卒業後，トヨタ自動車（株）広報，国際会議ディレクター，海外留学を経て 1997 年
より現職。食品関連のメニュー開発，コンサルティング，および一連のフードプロ
デュースを行うほか，諸外国の食事マナーと多角的に食と生き方を学ぶ食の総合教室
『食輝塾』主宰。トレンド分析，食文化，テーブルマナー，栄養，ダイエット，食育など，
専門は広く，多角的に食の提案を行う。監修含め 50 冊以上出版。
単著にベストセラー『世界一美しい食べ方のマナー』『愛される一人店のつくり方』『人
間力は箸づかいに見える』『やせる味覚の作り方』ほか。
日本箸文化協会代表。2012 ～ 2020 年千葉県農政審議会審議委員。
NHK レギュラー講師ほかメディア出演多数。http://www.totalfood.jp

（検印省略）

2021 年 4 月 20 日　初版発行　　　　　　　　　　　略称 ― メニュー開発

メニュー開発論

著　者	小　倉　朋　子	
発行者	塚　田　尚　寛	

発行所　東京都文京区　**株式会社 創 成 社**
　　　　春日 2 - 13 - 1

　　　　電　話　03（3868）3867　　Ｆ Ａ Ｘ　03（5802）6802
　　　　出版部　03（3868）3857　　Ｆ Ａ Ｘ　03（5802）6801
　　　　http://www.books-sosei.com　振　替　00150-9-191261

定価はカバーに表示してあります。